JN219134

謝る力

あやまるちから

毎日新聞編集委員
城島徹 著

題字　大橋洋介

はじめに

「反則をしてしまったのは監督やコーチからの指示を判断できなかった自分の弱さだと思います」「人のせいにするわけではなく、私が反省すべき点だと思っています」……。

２０１８年5月22日、東京都千代田区の日本記者クラブ。約３６０人の報道関係者を前に会見する20歳の青年が生中継のテレビに映しだされていました。アメリカンフットボールの試合で関西学院大学の選手を負傷させた日本大学３年生の選手です。悪質なタックルに及ぶまでの心の動きを、丁寧に言葉を選びながら説明する姿に私は釘付けとなり、引き込まれていきました。正面を向き、自分の心に嘘をつかず、正直に語ろうとしている真摯な姿がそうさせたのだと思います。たとえどんなに理不尽な指示であっても、自分のした行為から逃げず、監督やコーチへの批難めいた言葉を一貫して口にしない姿に潔さ、そして敬意まで感じさせられたのです。

「ぜひ同世代の学生と一緒に考えてみたい」。そう思った私は翌日昼から目白大学（東京都新宿区）で行う新聞活用講座の授業を当初予定のテーマから、この学生の会見を踏まえた「緊急テーマ『謝罪』を考える―芸能人、役人、政治家、社長から監督、学生まで―」に切り替えました。グループディスカッションのあと、学生たちは「どんなに追い詰められても、自分の信念から判断できることの大切さを学びました」などと真剣な表情で語ってくれました。

このところ企業トップが軒並み「申し訳ありませんでした」と頭を下げては謝罪会見に臨んでいます。一方で森友、加計両学園問題での安倍晋三内閣総理大臣や麻生太郎財務大臣のように、自らの非を頑として認めず、なかなか頭を下げようとしない政治家の姿、ずさんな公文書管理やパワハラ問題で問われた、官僚たちの情けない振る舞いも見られます。そうした状況を受け、大学の授業などで「リスクマネジメント」に触れることが増えてきました。

そんな折、あの20歳の若者の謝罪会見があったのです。

「あの学生の『謝る力』は個々の人生の教訓にとどまらず、日本社会を変える可能性を秘めているのではないか」。そう感じた私は過去の謝罪事例に照らしつつ、人はどう謝罪と向き合うべきかを考えてみようと思ったのです。とはいえ勧善懲悪物語の悪代官さながらの人物が懲らしめられるさまを見て溜飲を下げるだけでは社会は変わりません。

本書はそうした負の対象を糾弾という形で追及する啓蒙書ではなく、あの学生が示した「謝る力」を「他人事」とせず「自分事」として受け止め、謝罪の流儀、さらには謝罪を未然に防ぐための日ごろの生き方を考えたいと思って書きました。皆様のヒントになれば幸いです。

もくじ

「謝る力」

――事例から考える――

1

日大選手の会見

報道陣360人を前に

「けがをされてしまった関西学院大学のアメリカンフットボール部のクオーターバックの選手、およびそのご家族、関西学院大学アメリカンフットボール部とその関係者の皆様に対し、大きな被害と多大なるご迷惑をおかけしたことを深く反省しております。本当に申し訳ありませんでした」

アメリカンフットボールの日本大学と関西学院大学の定期戦（2018年5月6日）で、関学大のクオーターバック（QB）の選手に悪質な反則タックルでけがをさせた日大3年生の選手（20）が5月22日、東京都内の日本記者クラブで記者会見しました。

短く刈り上げた頭髪に黒いスーツ姿で現れた学生は記者会見の冒頭、約15

毎　日　新　聞　　第51193号【明治5年創刊】明治25

「監督、コーチが指示」

日大選手が謝罪

アメフット反則

アメリカンフットボールの日本大と関西学院大の定期戦（6日、東京都調布市）で、関学大のQBを悪質な反則タックルでけがをさせた日大3年生の宮川泰介選手(20)が22日、東京都内の日本記者クラブで記者会見した。反則に至った経緯を「私の独断ではない」と話し、内田正人前監督(62)＝19日付で辞任＝やコーチらの指示と明らかにした。日大は22日、改めて指示を否定する文書を発表した。

（スポーツ面、社会面に関連記事）

「相手QB潰せ」

記者会見には約360人の報道関係者が集まった。代理人の弁護士は「顔を出さない謝罪はない」と実名で会見に臨んだ理由を説明した。記者会見の冒頭、日大選手は緊張した表情で負傷させた関学大選手や家族らに「大きな被害と多大なるご迷惑をおかけしたことを謝罪したい」と述べ、約15秒間にわたり深々と頭を下げた。代理人は18日に両親とともに関学大選手と両親らに面会して謝罪したことを明らかにした。日大選手によれば、関学大選手は「うなずく形」で謝罪を受け入れたという。日大選手は用意した陳述書で「相手選手に卑劣な行為でけがをさせてしまった。事実を明らかにするのが償いの第一歩」との思いを記した。

陳述書での説明によると、「闘志が足りない」などと試合3日前に定位置から外され、選ばれていた大学生の日本代表の辞退も言い渡された。井上奨コーチを通じて内田前監督から「相手のQBを1プレー目で潰せば出してやる」と言われた。同コーチからも「QBがけがをして秋の試合に出られなかったらこっちの得」などと迫られた。

悩んだが「やらないという選択肢はなかった」と追い詰められ、先発を外された試合当日に「相手のQBを潰しに行くので使ってください」と前監督に直訴。井上コーチからも「できませんでしたじゃ、すまされないぞ」と念押しされたという。日大選手は「けがをさせろという意味でしか捉えられなかった」と打ち明けた。反則後、事の重大さに気づいて涙を流した。内田前監督は全部員の前で「周りに聞かれたら、俺がやらせたんだと言え」と話した。試合2日後に退部を申し入れたが慰留された。

指示に従ったことを日大選手は「自分で判断できなかった弱さ。人のせいにするのでなく、私が反省すべきだ」と言い訳はしなかった。被害届の提出も「相手の家族からすれば当然のこと」と受け入れたが、競技への思いを問われると「高校から始め、熱中していた。大学に入って厳しい環境で、あまり好きではなくなった」と表情をゆがめた。今後について「アメフットを続ける権利はないと思う」と沈痛な思いを口にした。

会見を受け、日大広報部は「『1プレー目でQBを潰せ』という言葉があったのは事実」と認めた。しかし、「日大アメフット部では試合前によく使う言葉で『最初から思い切り当たれ』という意味。誤解を招いたとすれば、言葉足らずであったと心苦しく思う」との否定する見解を示した。【田原和宏、村上正】

記者会見で謝罪する日大の宮川泰介選手＝東京都千代田区で22日午後3時3分、小川昌宏撮影

デジタルプラス　写真特集と動画

日大選手の記者会見　骨子

- 試合前日にコーチを通じて、監督から「相手のQBを1プレー目で潰せば（試合に）出してやる」と言われた
- コーチからも「相手QBがけがをしたらこっちの得。本当にやらなくてはいけない」と言われた
- 試合の3日前から「闘志が足りない」と練習を外され、日本代表も辞退するように言われた。やらなければ後がないと思った
- 試合当日は監督に直接「QBを潰しに行くので使ってください」と伝えた。「やらなければ意味はないよ」と言われた。悪質タックルで退場した直後に事の重大さに気付いて泣いた
- 試合後に監督は「周りに聞かれたら、俺がやらせたんだと言え」と話した

「毎日新聞」2018年5月23日付東京朝刊

秒間にわたり深々と頭を下げました。会場を埋める約360人の報道関係者の視線を一身に浴び、カメラのフラッシュが一斉にたかれました。どれだけ大きなプレッシャーだったことでしょう。顔も名前もさらし、上半身を折った姿勢から、謝罪と悔恨の思いがひしひしと伝わります。

■日大アメフット問題の概要

2018年5月6日、日大と関学大のアメリカンフットボール定期戦で、日大選手が悪質なタックルをした。その映像がソーシャル・ネットワーキング・サービス（SNS）で急速に拡散され炎上。4日後の10日、日大が初めて公に対応したが、アメフット部のホームページで謝罪文を掲載しただけ。15日には前監督の内田正人氏（19日付で辞任）による「反則行為の指示はない」とする調査結果を関学大に提示した。

一方、悪質タックルをした選手（20）が22日に顔と名前を公表し、監督、コーチらの「指示があった」と記者会見で証言。翌23日、内田氏と元コーチの井上奨(つとむ）氏が緊急会見し「指示はしていない」と否定したが、司会役を務めた日大広報部の米倉久邦氏が記者と押し問答の末、会見打ち切りを強行しようとした。

日大の大塚吉兵衛学長が25日会見し、大学として初めて謝罪。関学大は26日、日大の再回答（24日）を受けて記者会見し、「警察の捜査にゆだねたい」と表明する。関東学生アメリカンフットボール連盟が29日、内田・井上両氏の「指示」を認定し、内田氏らを除名処分。31日、警視庁調布署が関学大選手の父が内田氏らについて傷害容疑で提出した告訴状を受理。日大は30日付で内田氏が常務理事を辞任したこと、31日付で第三者委員会を設置したことを発表した。

さらに日大は6月11日、同日付で内田氏を人事部長と運動部を統括する保健体育審議会事務局長の役職から解任し、本部長付部長待遇としたと発表した。その後、新監督に元立命館大コーチの橋詰功氏が内定した。

日本記者クラブでは原則として弁護士の同席を認めていません。今回は20歳の学生であること、今後の責任問題などを考慮し、特例ということで二人の代理人の同席が認められましたが、「顔を出さない謝罪はない」という選手側の思いから、素顔をさらしての会見となったのです。

続いて、内田正人監督や井上奨コーチらの指示で反則タックルに至った経緯を淡々と説明し始めました。「私の独断で行ったことではありません」と主張する中で、「いくら監督、コーチからの指示があったとはいえ、僕がやってしまったことについては変わらないと思いますのでとても反省しています。だから監督、コーチに対して僕がどうこう言うことではないのかなと思っています」と自分で受け止める覚悟を示しました。

代理人の弁護士が問題の経緯を記した陳述書を選手自身が読み上げていきました。その内容と質疑応答からこの一件を整理してみましょう。

何が起きてしまったのか

この選手は「闘志が足りない」と試合3日前に定位置から外され、選ばれていた大学世界選手権の日本代表の辞退も言い渡されました。コーチを通じて監督から「相手のクオーターバックを1プレー目で潰せば出してやる」と言われました。さらにコーチからも「クオーターバックがけがをして秋の試合に出られなかったらこっちの得」などと迫られました。

悩んだ末に「やらないという選択肢はなかった」と追い詰められた気持ちになり、先発を外された試合当日に「相手のクオーターバックを潰しに行くので使ってください」と監督に直訴しました。コーチからは「できませんでしたじゃ、すまされないぞ」と念押しされたといいます。選手は「けがをさせろという意味でしか捉えられなかった」と打ち明けました。

反則プレーの後、自分のした事の重大さに気付いて涙を流しました。すると監督は全部員の前で「周りに聞かれたら、俺がやらせたんだと言え」と話したそうです。

試合2日後に退部を申し入れましたが慰留されました。選手は会見で言いました。「しかし、私としては、あんなプレーをしてアメフットを続けるということはとても考えられませんでした」。そして「事実を明らかにすることが、償いの第一歩だとして決意しまして、この陳述書を書きました」と話し、「あらためて深くおわび申し上げます。本当に申し訳ございませんでした」と深々と頭を下げました。

続く質疑応答では、民放各局のアナウンサーやリポーターから当時の心理状況や監督、コーチに対する思いを幾度も問われましたが、指示に従ったことについて言い訳を一切せず、「自分で判断できなかった弱さ。人のせいにするのでなく、私が反省すべきだ」と返答しました。関学大選手側からの被害届の提出も「相手の家族からすれば当然のこと」と淡々と受け入れました。

「笛は聞こえていたのか？」

テレビ関係者が多かったせいか、情緒的な側面に迫る質問が続く中で、「おや？」と思わせる質問がありました。「最初に反則をしたプレーで、審判の（プレーを終える）笛は聞こえていましたか？」。そう尋ねられた選手が一瞬の間を置き、「はい。（関学大クオーターバックがボールを）投げ終わったことには気付いていました」と答えると、押し殺した声で「プレーが終わっていたということは認識していたと……。わかりました。ありがとうございました」と質問を終えました。短いやりとりですが、会場の空気を一変させるような問いでした。

名前が聞き取れなかった質問者を後で調べると、1999年に大学日本一を争う甲子園ボウルを制した関学大のクオーターバックだった有馬隼人さんとわかりました。テレビ番組のキャスターをしながら社会人チーム「アサヒビールシルバースター」のヘッドコーチを務めているプロ中のプロです。プレー終了を自覚しながらの突進が確認されたことがいかに無念であったか。短いやりとりから伝わりました。優秀な選手を故意の反則プレーへと暴走させた原因は何か。この質疑は、翌日に行われた内田監督、井上コーチの会見で有馬さんが二人の「指示」の真相を論理的に突くための布石となったのです。

報道各社の質問はなお続きます。競技への思いを問われると「高校から始め、コンタクトスポーツを初めてやるということもあって、とても楽しいスポーツだなと思い熱中していました。ただ、大学に入って厳しい環境で徐々に気持ちが変わっていってしまった部分もあります。好きだったフットボールがあまり好きではなくなってしまいました」と寂しげに語ったのです。そして今後について「アメフットを僕は続けていくという権利はないと思ってますし、この先アメリカンフットボールをやるつもりもありません」と沈痛な表情を浮かべました。楽しかったスポーツが苦しみになるとは、なんと酷な話でしょう。

自己の責任を受け止める勇気

情緒的な言葉を引き出そうと、各テレビ局からの質問は途切れずに続きます。幾度も心境を尋ねられましたが、選手はていねいに言葉を選びながら自分の思いを返しました。「いくら監督、コーチからの指示があったとはいえ、僕がやってしまったことについては変わらないと思いますのでとても反省しています。だから監督、コーチに対して僕がどうこう言うことではないのかなと思っています」「監督やコーチからの指示を自分で判断できなかった自分の弱さだと思っています」……。悲壮な覚悟で名前と顔を公表して謝罪会見に臨んだ20歳の若者は決して自分の責任から逃げなかったのです。

これを受けて日大広報部はその日、「『1プレー目で（相手の）QBをつぶせ』という言葉があったということは事実」と認めましたが、「本学フットボール部においてゲーム前によく使う言葉で、『最初のプレーから思い切って当たれ』という意味。誤解を招いたとすれば、言葉足らずであったと心苦しく思う」と監督やコーチの指示をあらためて否定したのです。しかも文書での発表で、素顔をさらして会見に臨んだ選手の潔さとは対照的です。

学生を守る立場にありながら真相をあいまいにし続ける姿勢は、5月19日、約2週間ぶりに公の場に姿を現した日大フェニックスの内田監督が大阪（伊丹）空港と羽田空港で報道陣の取材に応じた際と同じでした。辞任の意向を明らかにし、「問題はすべて私の責任。弁明はいたしません」と述べたものの、肝心な「選手が悪質タックルに至った経緯」については何も語らず、指示の有無について明言を避けました。「弁明はいたしません」と語る姿は一見潔く見えますが、何も説明しなければ空々しさばかりが残ります。うわべだけの舌先三寸で言い逃れしていることにしかなりません。

日大選手が記者会見で謝罪したことを受け、関学大ファイターズの鳥内秀晃監督が５月22日、「行為自体は許されることではないが、勇気を出して真実を語ってくれたことに敬意を表したい。立派な態度だった」と沈痛な面持ちで語っていたのが強く印象に残りました。

2

緊急授業「『謝罪』を考える」

人生学ぶ教材に

「許されない反則プレーをしたとはいえ、悪質なタックルに及ぶまでの心の動きを正直に語ろうとした姿勢は立派だった」。関西学院大の選手を反則プレーで負傷させた日本大アメフット部選手の謝罪会見をテレビで見てそう感じていた私は、翌日の5月23日早朝、ふと「同世代の学生たちと、この選手の姿勢を一緒に考えてみたい」と思い立ちました。というのも、たまたまこの日は午後1時から、目白大（東京都新宿区）で担当している講座「社会学概論」（前期15回）の授業日だったからです。

同世代の学生にとって「人生を学ぶ教材になる」との直感でした。急遽、予定していた当日の授業テーマを他の日に移し、「謝罪会見」を緊急テーマ

緊急テーマ「『謝罪』を考える」授業に臨む学生たち
（2018年5月23日、目白大）

にすることに決めた私はパワーポイントで資料を作り、記者会見を報じる朝刊記事をコピーして教室に向かいました。

午後1時、始業のチャイムが鳴りました。

「今日はきのうの日大学生の記者会見について、皆さんと考えてみたいと思います」。約60人の学生にそう宣言した私は、スクリーンに「緊急テーマ『謝罪』を考える――芸能人、役人、政治家、社長から監督、学生まで――」というパワーポイントの表紙を映し出しました。

不祥事への最近の対応例をパワーポイントで次々と紹介しました。実はこのパワーポイントの資料は「リスクマネジメント」というテーマで企業の広報担当者に話すよう頼まれた２０１０年11月以来、授業や講演で使ってきた素材に手を加えて仕上げたものです。

最初のページは、約2週間ぶりに公の場に現れた日大アメフット部の内田正人監督が報道陣にマイクを向けられている写真です。いわば「負の教材」というか「反面教師」となる人物だからです。そのほかのパワーポイントの素材は、本書の各章でも詳しく説明しますのでここでは省きますが、ずさんな公文書管理やセクハラ問題をめぐる官僚や国会議員の謝罪、釈明の姿勢に「反省に欠ける」などの批判が絶えないこと、過去の「謝罪会見」事例から「隠さず逃げず、早急に発表する」などが教訓となっていることを示す新聞や写真を並べました。

これを踏まえて「これだけはやめましょう（もし君が企業広報担当者なら）」と題したページでは、最も強調しておきたい「隠すこと」を挙げました。

「たぶんマスコミは知らないはず」「とりあえず隠しておこう」。これは危険です。いつ、どのような形で表面化するか予想不能。もし、あなたが「記者は説明に納得したようです」と報告し、上司から「でかした！」と言われても、表面化した時の状況を考えてみてください。隠すことによって対応は後手後手に回ります。つまり、不祥事が発覚した時の恐ろしさへの想像力を持たないと大変なことになる——ということを伝えました。いったん信頼を失うと、「嘘つき」と見なされ、悪影響を最小限にするダメージコントロールが不可能になってしまうことを強調したかったのです。

次に、日大選手の謝罪会見を報じた当日の朝刊（一面と社会面）を配り、「自分のした行為から逃げず、監督やコーチへの批判めいた言葉も口にしなかった点が潔い、との声が出ている」と説明。記事を全員で精読した後、「スポーツマンシップとは何か」について5〜6人のグループで意見交換したのです。その際に、①反則プレーが起きた原因、②監督や上司の指示は絶対か、③監督の姿勢で欠けている点、④反則した選手の記者会見から学ぶもの（同じ学生として心掛けておきたいこと）、⑤こうした出来事を防ぐ具体的な改善策──という細かなテーマを与え、一つ一つディスカッションしていきました。

同世代の心に響いたもの

学生たちから次のような意見がありました。

「反則プレーをした選手の姿勢が印象的。名前も顔も出して自分の責任だとちゃんと言えるところがすごい。就活などに悪影響が及ぶかもしれないのにきちっと前に出て会見した」

「原因は監督と選手のコミュニケーション不足と、選手に相談できる相手がいなかったこと。選手の心境を考えると、メンバーから外されたり、日本代表を辞退させられたりして、従うしかなかったのかと思ってしまう」

「監督は責任を取る姿勢が足りなかった。相手の選手にけがをさせてまで勝ちたいというのはスポーツマンシップに欠けている」

「監督や上司の命令は絶対ではない。監督や上司も自分も人間だからだ。人間は必ず間違いを起こす。良いことも悪いことも起こすので、その時その時で自分の価値判断に従って自分で決断して自分で行動することが必要」

「選手の記者会見から学ぶべきものは、一度は強いプレッシャーの中で反則をしてしまったが、次に自分の価値判断に従って行動したこと。同じ学生というよりも一人の人間として心掛けておきたい」

大学での新聞活用授業

参考までに、なぜ新聞記者の私が大学でこうした講座を担当しているのかを説明させていただきましょう。

「新聞記者が毎回来て得意分野を話すだけではありきたり。もっと魅力的な授業ができませんか？」。２０１５年12月、東京都新宿区の目白大学長室。私はテーブルをはさんで向き合った佐藤郡衛（ぐんえい）学長（当時）から言われました。大学と新聞社との一般的な提携講座ではなく、さらに工夫を凝らして効果が期待できるものを、との考えでした。

私は佐藤学長が東京学芸大教授だった２００６年、ある国立大学で彼の「国際理解教育」をテーマにした集中講座を、一度だけお手伝いしたことがありました。目白大の学長に転身してからそれを思い出されて「意見交換をしたい」と声がかかったのです。約10年ぶりの再会はすぐさま、「いかに学生の力を伸ばすか」という議論となり、学長の真剣な口ぶりから、少子化の時代に生き残りをかけた新戦略を打ち出そうと腐心している様子がうかがえたのです。

「それなら大人としての会話ができる基本的な常識を身につけ、プレゼンテーション能力も磨こうという新聞活用授業はどうでしょうか」。年が明けて早々、私は実験的な授業を提案しました。「授業のねらい」は社会全般に関わる問題、特に政治、経済、文化、国際、街づくり、教育などのテーマに関する解説を聞いて、文章要約の仕方、少人数でのグループディスカッションやプレゼンテーションを通じ、現代のさまざまな問題への理解を深めることを考えたのです。そうしたアクティブ・ラーニングによって社会人として必要な知識、教養を身につけ、将来に役立てるためにニュース記事を具体的なテキストとして随時使う授業方法を説明したのです。その結果、目白大に「社会学概論」という講座が新設され、私が非常勤講師として担当することになったのです。

「学生の学習目標」として、①現代の社会問題について、自分の考えを明確に伝えることができるようになる。さらに②議論を通じて、社会問題への考えを深め、社会に生きる人間としての意識を持つようになる。加えて、③「ですます調」でのプレゼンテーションに慣れること――を目指している、とシラバスに記しました。３年目の今年度の具体的テーマは「東京五輪と多文化共生」「子どもたちの学ぶ権利」「難民受け入れ、欧州と日本」「18歳選挙権と少子高齢社会」「東日本大震災の復興」などでした。

3 しどろもどろの監督とコーチ

「私の指示ではない」

アメリカンフットボールの悪質タックルをした日本大選手がそれを指導者の指示だと会見して認めた翌日（5月23日）、内田正人前監督と井上奨コーチが記者会見を開き、指示を改めて否定しました。選手が自身の名前や顔を公表し、プレーに至る経緯を具体的に説明したのとは対象的に、二人はどこか自信に欠け、しどろもどろの印象を受けました。そのうえ司会を務めた日大広報部の男性が会見を一方的に打ち切ろうとして会場は騒然となり、それが報道やＳＮＳで拡散されて日大のブランドイメージは大きく揺らいでしまいました。

毎日新聞　【新聞定価1カ月 4,037円(本体価格3,738円＋消費税299円)】1部売り(消費税込み)朝刊140円 夕刊50円 (第3種郵便物認可)

日大前監督 指示再び否定

悪質タックル コーチ辞意

日本大アメリカンフットボール部の内田正人前監督(62)＝19日付で辞任＝と井上奨コーチ(29)が23日、東京都内で緊急記者会見した。内田前監督は暫定的に大学の常務理事職を停止して謹慎し、日大が設置した第三者委員会の調査に進退を委ねる考えを示した。井上コーチは辞意を表明した。3年生の宮川泰介選手(20)に対して悪質なタックルを指示したことを改めて否定した。【小林悠太、田原和宏】

記者会見する日本大アメリカンフットボール部の内田正人前監督(右)と井上奨コーチ＝東京都千代田区の日本大学で23日午後9時31分、丸山博撮影

2人は会見の冒頭に関西学院大との定期戦(6日、東京都調布市)で負傷させた相手のQBらに改めて謝罪。22日に東京都内で記者会見して詳細を語った日大選手に対して、内田前監督は「あのような気持ちにさせてしまい申し訳ない」と謝罪した。井上コーチも「私の未熟な指導で起こった」と頭を下げた。

質疑応答では、これまでの見解を踏襲しながら、日大選手の発言の一部を否定した。井上コーチは日大選手に「1プレー目で相手のQBをつぶせ」との指示を「真実」と認めたが、内田前監督から伝えられたことは否定した。その意図は「彼はすごく優しく、少し成長が止まっていた。必死にやってほしくていろいろな声をかけた」と説明した。さらに「けがをさせてもいいと思ったことは一度もない」と、相手を負傷させることが目的ではなかったと強調した。

日大選手が「相手をけがさせることと認識した」と説明したのは井上コーチによる「相手QBがけがをしたら得だろ」という発言だった。これについても井上コーチは「損とか得は言っていない」と否定した。日大選手が試合前に「QBをつぶす」と報告に行った際の状況を内田前監督は「確かに彼はきたけど何を言ったかわからなかった」と説明。日大選手が聞いたという「やらなきゃ意味はない」との言葉は「言っていない」と打ち消した。

2人は悪質なタックルを「想定外」などと口をそろえた。井上コーチは高校時代から指導する日大選手が反則に及んだ理由も「とんでもない重圧を受けて目の前が見えなくなったのかな」と話した。内田前監督は「日大はルールを守るのが前提」と指導したことを強調した。昨年27年ぶりに大学日本一となったチームと比較して「伝統が受け継がれると思ったが指導の甘さがあった」などと説明。

日大選手の資質との示唆を繰り返し、井上コーチの厳しい指導は「親身に愛情を持って接している」とかばった。

日大選手は「アメフットを続ける権利はない」と退部の意向を示したが、内田前監督は「もう少しやれば日本を代表する選手になる。なぜやめないといけないのかと話した。井上コーチも「続けてほしい」とした。

日大は24日にも関学大に詳細な経緯を再回答する。それを受け、関学大は26日に兵庫県西宮市内で記者会見する。

日大「ブランド落ちない」

記者会見2時間 終盤に押し問答

23日夜に急きょ開かれた日本大による記者会見は約2時間にわたり、終盤は説明に納得しない報道陣と司会の日大広報部側と押し問答となった。日大関係者によると、内田正人前監督は記者会見後に心労と不眠で入院することになったという。

悪質なタックルをした日大選手が語った反則に至った経緯を、日大が前監督らの指示を文書で否定。真相が分からなくなり、学生を守るべき立場の教育機関の姿勢が問われた日大への風当たりが強くなった状況で会見が設定された。インターネットでも生中継された。

司会を務めた日大広報部の男性が会見の開始から約1時間半後に

「毎日新聞」2018 年 5 月 24 日付東京朝刊

会見を振り返ってみましょう。

冒頭、二人はそれぞれ、関西学院大との定期戦で負傷させた相手のクオーターバックや選手の両親に「まことに申し訳ありませんでした」と改めて頭を下げて謝罪しました。ここまでは定型です。ところが、というか、やはりというべきか、二人はこれまでの主張を変えずに日大選手の発言を根本の部分で否定したのです。その説明にはつじつまの合わない点があり、特に眉間にしわを寄せて説明するコーチの表情からは不安や恐怖が見てとれました。

「誰の指示で起きたのか、改めてうかがいます」。最初の質問に内田前監督が答えます。

「信じていただけないと思いますが、私からの指示ではないです。ですが、フィールドで起こったことなのでスタートからゴール、試合は私の責任です」。これもすべてを引き受けるような言葉を使いながら、「指示ではない」という責任転嫁の主張を改めてしています。

内田前監督に続き、隣で井上コーチが補足します。「監督から僕に『クオーターバックにけがをさせてこい』の指示はありませんでした。私が選手に対して『クオーターバックを潰してこい』と言った経緯があります」「２日前から試合形式の練習に出れていなかった。そこから彼が試合に出ることについて、『そういう気持ちでいきますと、クオーターバックを潰してきますと監督に言って覚悟を決めてほしいな』と、僕が彼に言いました」。

その表情をテレビや動画で観察したのですが、何かを隠しているのではないかと思わせるようなものでした。

また選手が会見で、監督から「やらなきゃ意味ないよ」と言われたと証言したことについて、内田氏は首をひねりながら「彼は確かに来ましたが、何を言っているのか正直わかりませんでした。３メートル、５メートルのところに来ましたが、私はその言葉は言ってないと思います」とかわしました。

会見でコーチの説明が破たんしかけた場面がありました。前日の会見で選手が「（コーチから）相手のクオーターバックがけがをして秋の試合に出られなかったら、こっちの得だろう」と言われた、と証言したことについてです。

『けが』という言葉は使っていないということですか?」と質問されると、最初は「使っておりません」と言い切ったコーチは、繰り返し文言の確認を求められていくうちに、「一言一句覚えていないんですが……」と揺れていき、「正直なところ、『けが』っていう言葉を使ったか使っていないかというのは、正直僕は覚えておりません」と答えが変わってしまったのです。

そんなコーチの表情を見ていると、隣の内田氏を過剰に意識している様子がうかがえました。「1プレー目で相手のクオーターバックを潰せ」と指示されたと選手が説明したことについて「真実」と認めながらも、監督から伝えられたことを否定した時に「彼はすごく優しく、少し成長が止まっていた。必死にやってほしくていろいろな声をかけた」とその意図を説明し、「けがをさせてもいいと思ったことは一度もありません」と、相手を負傷させることが目的ではなかったと強調しました。そう言いながら心の揺れがあるようで、歯切れが悪く見えました。日大の付属高校で監督としてその選手と向き合った日々があったからこそ、教え子を突き放せない苦悩を言葉の端々に感じたのは私だけでしょうか。

いびつに肥大した主従関係

監督とコーチの主従関係は、コーチと選手の関係よりさらに厳格なものだったのかもしれません。おびえたようなコーチのまなざしを見ていると、そう感じざるをえないのです。

内田氏は日大本部でも人事担当の常務理事で人事部長、保健体育審議会事務局長などの要職に就いていて、「予算も握る立場」です。その絶対的な権力を背景に、コーチ陣を自在に動かして選手を厳しい言葉で追い込んでいったのではないでしょうか。主従関係がいびつに肥大した特異な指導方法が問題の本質として浮かび上がってきます。

日大アメフット部は内田前監督と井上コーチが会見した翌日（24日）、悪質タックル問題に関する調査結果として関学大側に再回答書を提出しました。関係者によると、前監督とコーチの会見内容に沿って従来の主張を繰り返したもので、関学大の鳥内秀晃監督は26日の記者会見で「選手が記者会見したように、井上コーチもはっきり真実を語ってほしい」と述べ、真相解明の意思が見えない日大側の姿勢を批判しました。

関学大のチーム運営の責任者として同席した小野宏ディレクターも「選手が勝手に判断し、指示を間違って解釈したとは考えていない。謝罪時の選手の態度や印象を見て確信を持っている」とし、「選手の尊厳を著しく損ねるもの」と非難しました。

また関学大の被害選手の父親の奥野康俊さんは「大人の都合で子どもが苦しむ姿を見たくない」と述べ、日大の反則プレーをした選手と家族に向けて「一緒にがんばりましょうね」と呼びかけました。

日大の後手後手に回った対応について、関学大の鳥内監督が「解明する気があるのか」と憤激するのはもっともなことでしょう。毎日新聞が双方の会見から間もない5月26、27日両日に行った全国世論調査で、内田前監督や井上コーチら指導者は反則を指示していないとする説明に対して「納得できない」とする回答が82％を占め、「納得できる」は1％にとどまったことでも、選手と監督、コーチ側の信頼度の落差がうかがえます。

日本の中枢も同じ

5月27日付の毎日新聞朝刊の読者投稿欄「みんなの広場」に山口県下関市の僧侶（75）が寄稿した一文の中に、このようなくだりがあります。

《監督やコーチによる命令と服従という戦時さながらの状況が、日大アメフット部にあったことに信じられぬ思いがします》《今の政治も日大アメフット部も同じ状況にあって、正しい判断力と正気を失っているようにしか思えません》《日大の選手の会見を聞いて救われたのは、己を捨てて真実を語ってくれた潔い勇気です。今の日本の政治に必要とされているのは、日大選手が示した正気に返る勇気ではないでしょうか》

この僧侶は学生スポーツ界の枠を超えたスケールで日本社会の現実に厳しい視線を向けています。「潔い勇気」。まさに、これこそが「謝る力」を生み出しているのでしょう。過剰な自己愛からか陳腐な虚栄心からなのかわかりませんが、謝罪を拒み続ける政治家に失望している国民はどれだけ多くいることでしょう。いや、そんな政治家に票を投じた我が身の不明を恥じた有権者もいたに違いありません。

さらに6月2日付の「みんなの広場」には「自分の発言や行動に責任を」と題した福岡県の無職女性が寄せた一文が載りました。

《ばれてもウソをつき通せばウソでなくなるというのが、この国のルールとなってきているのでしょうか。

今、騒がれている日大アメフット部員による悪質な反則プレーで当事者が記者会見し、その次の日に日大の内田正人前監督と井上奨元コーチが記者会見しましたが、どちらが本当のことを言っているかは誰が見ても明らかでしょう。

それと同じようなことは日本の中枢でも行われていて、今、つじつまの合わないことで右往左往する姿が見受けられます。それは森友学園や加計学園の問題です。「私や妻が関係していれば首相も国会議員も辞める」との安倍晋三首相の発言に整合性を持たせるために佐川宣寿前国税庁長官や柳瀬唯夫元首相秘書官がつじつま合わせに終始したことです。

内田前監督と安倍首相に共通しているのは、「そんたく」する人物しか近くに置かず、自分たちの言葉や行動に責任を取らないという点です。本当に情けないことです》

それにしても、司会を務めた日大広報部の仕切り方には驚きました。「同じような質問です」「十分に聞きました」「これだけ聞いたら十分です」……。質疑に司会者が割り込んでいき、「やめてください、打ち切りますよ、会見！」と宣言したのです。報道陣から「みんな見ているんだ。あなたのせいで日大のブランドが落ちますよ」と声が上がると、間髪を入れず「落ちません！」と返し、謝罪会見は一転バトルのような場になってしまったのです。

吉本興業の広報担当として所属芸人の不祥事の謝罪会見を数多く取り仕切った竹中功さんは自著『よい謝罪　仕事の危機を乗り切るための謝る技術』（日経BP社）で「司会を誰がするのかはとても重要だ。会見をスムーズに進行することはもちろんだが、特に質疑応答で本領を発揮することが期待される」「謝罪会見の司会に必要とされるのは誠実さと、謝罪会見というライブの本番を乗り越えるだけの胆力である」と書いています。「さばき」役が紛糾させてしまったわけですから、リスクマネジメントで考えれば「最悪」のケースと言えるでしょう。

「日大のブランドが落ちますよ」とメディア側から指摘されてしまった展開を、日大生たちは果たしてどう見ていたでしょう。特に就職活動中の学生の心情を思うと、心が痛みます。でも、希望はあります。この前日に選手が行った会見を見た世の中の人は感じています。「苦境に置かれても、日大にはあれほど潔い学生がいるではないか」と。

4 「TOKIOに戻りたい」

「謝罪」での違和感

目白大で5月23日に行った「『謝罪』を考える」の授業で作ったパワーポイント資料から、素材となった謝罪会見の事例について、いくつかの項目ごとに分析していこうと思います。

最初は、女子高生に対する強制わいせつ容疑で書類送検された人気グループ「TOKIO」の山口達也さん＝起訴猶予処分＝が4月26日に行った謝罪会見です。目白大の授業で使ったパワーポイント資料には、涙ながらに釈明する山口さんの写真付きの「山口メンバー無期限謹慎　わいせつ容疑会見、涙浮かべ謝罪」という見出しの毎日新聞記事（4月27日付朝刊）を貼り付け

TOKIO山口メンバー
高校生にわいせつ容疑
書類送検

女子高校生にわいせつな行為をしたとして、警視庁は人気アイドルグループ「TOKIO」の山口達也メンバー(46)を強制わいせつの疑いで書類送検した。捜査関係者への取材でわかった。山口メンバーは当初「酒に酔っていて覚えていない」と説明していたが、その後「そういうことをしたかもしれない」などと話し、大筋で容疑を認めているという。

テレビ局放

校生はこの日、知人と2人で山口メンバーの自宅を訪れ、山口メンバーから酒を飲むように勧められたとい

芸能活動 無期限の謹慎
山口容疑者謝罪 テレビCM休止

女子高校生に対する強制わいせつ容疑で警視庁が書類送検した人気グループ「TOKIO」のメンバー山口達也容疑者(46)は26日、東京都内で記者会見し、「本当に本当に申し訳ない」と謝罪した。ジャニーズ事務所によると、芸能活動は無期限謹慎するという。

数百人の報道陣が集まった会見の冒頭、山口容疑者は約30秒間、深々と頭を下げた後、涙声で事件の経緯を話した。

説明によると、事件があったのは2月12日。日中から自宅で酒を飲み始め、知人の女子高生に「家に来て[illegible]ないか」と電話をかけた。同日夜、女子高生が友人と2人で自宅に来た時点で既に泥酔状態だったという。詳細については「捜査中なので今は言うことが出来ない」と言及を避け

山口容疑者 強制わいせつ
TOKIO 女子高生にキス
書類送検

山口メンバー書類送検
TOKIO 強制わいせつ容疑

37 社会 ★14版

山口メンバー書類送検
TOKIO 強制わいせつ容疑

37 社会 ★14版

強制わいせつ容疑で書類送検された人気アイドルグループ「TOKIO」の山口達也メンバー(46)が26日午後、東京都内のホテルで記者会見をし「本当に申し訳ございませんでした」と涙ながらに謝罪した。所属するジャニーズ事務所の弁護士は芸能活動を無期限謹慎すると明らかにした。

山口メンバーは黒いスーツに黒いネクタイ姿。会見場に現れると、30秒ほど深々と頭を下げた。被害者への思いを「大人の男性が怖かっただろうなと後になって思った。一生忘れられない出来事になったのではないかと考えると、本当に申し訳ない」と声を詰まらせた。

TOKIOのメンバーに対しては「23年間、同じ方

山口メンバー 涙の謝罪
芸能活動を無期限謹慎

退院

山口達也さんの事件を報道する各紙

ました。芸能人の謝罪会見は日常茶飯事ですが、やはりジャニーズ系タレントとなれば若い世代を中心に注目度は絶大です。

謝罪会見では冒頭、山口さんが約30秒にわたって頭を下げ、「未成年からしたら大人の男性は怖かっただろう」と軽率な行動への後悔の言葉から始まりました。その会見でひっかかる言葉がありました。「ＴＯＫＩＯにまだ席があるなら帰りたい」と発言したのです。

事件の詳しい内容は省きますが、酒の飲み過ぎによる肝臓の治療のため、入院しながら仕事を続けていた山口さんは約1か月ぶりに退院した2月12日、東京都港区の自宅マンションに戻って酒を飲み、電話で家に来るように誘い出した高校生の被害女性にキスしたというのです。山口さんは泥酔状態で記憶があいまいで、事件を認識したのは警視庁から連絡を受けた後だったそうです。

「(被害者にとって)一生忘れられない出来事だったのかと考えると、本当に申し訳ない」と言葉を絞り出した山口さんですが、ＴＯＫＩＯが関わるＣ

Ｍや番組、プロジェクトに多大な影響が出てしまいました。当然ながら「自分の甘さが招いたこと。今は（酒を）飲まないと決めている」と反省を口にしました。

さらに山口さんは「（謹慎後のことは）思いが至っていない」としつつも、「もし待ってくれる場所、私の席がそこにあるのであれば、またＴＯＫＩＯとしてやっていけたら」と語ったのです。

この授業で私は学生たちに「山口メンバーはＴＯＫＩＯに戻りたいと言いましたが、他のメンバーは違和感を覚えたようです」と説明しました。それは、ＴＯＫＩＯのメンバーによる謝罪会見で松岡昌宏さんが山口さんのこの言葉を涙ながらに批判した姿が印象的だったことと、日大の反則プレーをした選手が謝罪会見で自身の今後について「アメフットを僕は続けていくという権利はないと思ってます」と語ったことが頭にあったからです。

その姿勢の違いを学生たちはどう感じるでしょうか。彼らの表情を見ていると、どうやら身近な話題としてこの不祥事を広く共有しているようでした。私が芸能レポーターのように踏み込んで解説する必要はなさそうなので、授業では簡単に触れるだけにしました。

仲間だからこその怒り

山口さんをのぞくＴＯＫＩＯのメンバーが5月2日に行った謝罪会見は、黒いスーツ、黒いネクタイ姿の４人が深々と頭を下げるところから始まりました。リーダーの城島茂さんから、２日前に山口さんを含むメンバー全員で話し合った際に、山口さんが土下座して「ＴＯＫＩＯを辞めます」と辞表を提出したことが明かされました。「１人は５人のため、５人は一人ひとりのため、そんな思いで23年、メンバー５人で突っ走ってきました。いい時も悪い時もありました」。そう語る城島さんの顔が歪みました。

続いてマイクを握った松岡さんは、復帰を望む言葉を謝罪会見で口にした山口さんについて厳しい口調でこう言いました。

「自分にまだ席があるのならそこに帰りたい、という山口の発言を自分で目にした時に、山口の、彼の甘ったれた意見はどこから生まれるものなんだろう、と正直思いました」

「おそらくあの時の彼は自分が崖っぷちではなく、自分が崖の下に落ちていることに気づいていなかったのだと思います。そういったいろんなことから生まれてくる甘えが、その根源はいったいなんだろうってずっと考えていました」

「ＴＯＫＩＯに戻りたい、おれにはＴＯＫＩＯがある、ＴＯＫＩＯに帰れる場所がある。もしそういう気持ちが少しでも彼の中にあり、その甘えの根源が僕らＴＯＫＩＯだったとしたら、これはあくまで自分の意見ですけど、そんなＴＯＫＩＯは１日も早くなくした方がいいと思います」

記者との一問一答の中でも松岡さんは険しい表情で「辞表を出した時に、彼に僕は怒りました。もし彼が、僕の立場だったら、彼は僕の辞表を会社に出せるのか、それはずるい、って言いました」と声を震わせました。

実に重たい言葉です。激烈ですが、かけがえのない仲間への愛情ゆえの怒り、無念さが涙ながらの表情から伝わってきました。やはり、「ＴＯＫＩＯに戻りたい」という言葉を山口さんは謝罪会見で口にすべきではなかったと思います。自分の処遇ではなく、まず必要なのは被害者への配慮だったと思います。

　日大の選手の場合、会見で「アメフットを僕は続けていくという権利はないと思っていますし、この先アメリカンフットボールをやるつもりもありません」と言い切りました。監督やコーチの責任にせず、自分だけを責める潔さがあったからこそ、受け手の心の中に「赦し」の感情が芽生えたのではないでしょうか。

　松岡さんが絞り出す言葉には確かに「訴える力」がありました。企業や官僚の謝罪会見ですと、あらかじめ「言うべきこと」や「想定問答」を書いた台本を読んでいるような場面がほとんどですが、明らかに違った印象を受けました。しかし、彼らが所属するジャニーズ事務所のトップも会見で一緒に頭を下げるべきだった、との指摘もあるようです。

　リスクマネージメントの観点で見れば、「責任の取り方」という点で今後の研究材料になると思います。

5 ささやき女将

耳打ちは助け舟

「大きい声で、目を見て」「頭が真っ白になっていて、頭が真っ白に（と言いなさい）……」。報道陣のカメラのフラッシュがたかれるなか、記者から問われて言葉に詰まった長男に、隣から母親の名物女将が耳打ちしますが、非情にもそのささやきはすべてマイクに拾われていました――。２００７年12月10日、食品偽装事件に続き、料理の使い回し問題が発覚した大阪の高級料亭「船場吉兆」の謝罪会見の場面は「ささやき女将」という名前とともに多くの人々に記憶されました。

謝罪会見となると、新聞、テレビ問わず報道陣は会見者の一挙手一投足に全神経を研ぎ澄ませて待ち構えます。目の動き、口調、キーワード、服装、

多くの報道陣を前に頭を下げる船場吉兆の湯木社長（2008 年 5 月 28 日）

お辞儀の角度……。しかも最近は、各局各番組から質問者として投入された看板リポーターにもカメラを向けるケースが増えていますので、気合いが入らないわけがありません。会見者の前のテーブルには収録用マイクが立ち並び、無数のＩＣレコーダーが置かれます。異様な空気が張り詰める会見場に臨んだ会見者は、相当なプレッシャーを感じます。

そうした極限の雰囲気のなか、しっかり者の女将にとって、息子の苦境を助けたいと念ずるのは自然なことだったのでしょう。本来なら、もてなしの心を形にした懐石料理にこそ取材を欲したであろうメディアが、まったく異なる顔つきで目の前に並んでいるのです。ただ悲しいかな、マイクの集音能力は女将の想像を優に超えていたのです。

老舗料亭の慢心

女将は湯木（ゆき）佐知子さん。名料亭「吉兆」創始者で料理界初の文化功労者である湯木貞一（ていいち）さん（１９０１〜１９９７）の三女です。吉兆は１９９０年代に入り、親族が暖簾分けする形でそれぞれ別法人のグループ会社制に移行しました。

船場吉兆は佐知子取締役の夫である腕利きの料理人が社長となり、多角化経営に乗り出しました。店舗を増やし、デパートで惣菜やデザートを販売するなど積極的に事業展開しましたが、消費期限切れや賞味期限切れの総菜や菓子の販売、牛肉味噌漬けの産地偽装が発覚しました。

客の信頼を失うばかりか、「現場の従業員がやったこと」と組織ぐるみの不正を否定した経営陣に対し、パート従業員が「会社の指示でやった」と強く抵抗したこともあって、大阪府警が不正競争防止法違反容疑で強制捜査に入りました。

さらに、12月の会見から半年後、女将が新社長として出直しを図ろうとした矢先の2008年5月、新たな不正として、客が箸をつけずに残した料理を他の客に出していたことが発覚し、「船場吉兆」の暖簾は二度と上がることはなくなったのです。収益至上主義に突っ走り、伝統の味を守れなかったのは「慢心」があったからでしょう。

2017年12月6日朝、自宅でテレビを見ていると、TBSの情報番組「あさチャン」が「船場吉兆会見から10年 〝ささやき女将〟が語る真相」を放映していました。画面に80歳になった湯木佐知子さんが現れ、インタビューに応じていました。「ささやき会見」当時は黒かった頭髪が真っ白になっていましたが、表情は穏やかで、すべての財産を失うというドン底からようやく立ち直り、年金を支えに細々と暮らしている様子を語っていました。

10年前の会見については、まさか自分の声がマイクに拾われているとは思わず、答えに窮して言葉の出ない長男を「なんとか救わなければ」という一心から小声で助言したと話していました。事前の打ち合わせで想定問答の答え方の練習までしていたことが裏目に出たのかもしれません。

「謝罪」の「謝」は「感謝」の「謝」

「船場吉兆」が廃業してから2年半ほど過ぎた2010年秋の宵、旧知の文芸評論家に誘われて大阪・難波の日本料理店を訪ねました。6畳ほどのスペースにカウンター6席、テーブル4席という小さな店で包丁を握っていたのは、佐知子さんの次男・尚二さんでした。廃業後は知人の店を手伝うことで再起への一歩を踏み出し、旧知の不動産業者から「空き店舗が出たから料理店をやらないか」と声がかかったのでした。季節感のある料理を美しく引き立てていたのは、かつて船場吉兆で使われていた器でした。いったん手放した器を引き受けた食器の道具屋が「湯木さんの店が一番似合うから」と残しておいてくれたそうです。

両親と兄は料理の世界から身を引きましたが、祖父・貞一さんから受け継ぐ伝統の味は手放したくなかったそうです。看板を下ろした直後に励ましの手紙をくれた常連客がいたことを「ほんまにうれしかったです」と振り返る表情が印象的でした。

尚二さんはその後、「日本料理湯木」という店を大阪・北新地に開いたことをテレビなどで知りました。かつての板前や仲居さんが徐々に戻ってきているそうですが、「店主として地道に努力するだけです。とても再起などと言える立場ではありません」と控え目です。

肉親の謝罪会見を原点として、絶望の淵から這い上がろうとする料理人にとって、多くの人の励ましがあっての再起です。「謝罪」の「謝」は「感謝」の「謝」であることを尚二さんは実感しているようです。

湯木貞一さんは料理人の心構えについてこう語っていたそうです。

「料理の手本は吉兆にはなくて、お客様にある。手本は食べてくださる方です。そう思ってやっていかないと、良い仕事はできません」(末廣幸代著『吉兆湯木貞一　料理の道』より)

第５章　ささやき女将

6

「私は寝てないんだ！」

雪印を襲った食中毒

２０００年に起きた乳製品の集団食中毒で、乳製品業界トップブランドの雪印乳業は危機管理における多くの教訓を残しました。ほぼすべての対応が後手後手に回り、説明も二転三転し、不満を募らすマスコミの取材攻勢に逆ギレした社長が言い放った「私は寝てないんだ！」の一言が致命傷になりました。好感度の高かった企業イメージは粉々に砕け、雪印グループは解体へと転げ落ちていったのです。

一連の不祥事対応を振り返ってみましょう。

２０００年6月27日正午前、大阪市保健所に市内の病院から食中毒の疑いの通報が入ります。大阪市は28日昼に低脂肪乳を製造する雪印乳業の大阪工

雪印乳業の石川社長辞任会見（2000 年７月６日）

場を立ち入り検査し、午後9時、製造自粛と製品回収を指導します。翌29日朝、同工場の生産ラインを解体し、バルブ内に乳固形物を発見、役員から石川哲郎社長に報告されました。大阪市の立ち入り検査から既に20時間が経過していました。トップないがしろの危機管理です。

会見で報道陣から「なぜ製品回収の指示が遅れたのか」と問われると、幹部のうち一人は「株主総会で社長が飛行機で移動中のため決裁を受けるのが遅れた」と答え、もう一人は「製品回収の権限は事業本部長にあり、社長ではない」と異なる説明をするなど、マスコミをコントロールすべき広報はその体をなしていなかったのです。

ようやく店舗からの回収が始まり、大阪市、雪印乳業がそれぞれ記者会見して被害事実を公表しました。この間、雪印乳業の低脂肪乳を飲んで嘔吐や下痢などの被害が各地から伝わっていましたが、大阪工場が直ちに回収しなかったことから、テレビや新聞の報道で知った被害者からの申告が殺到します。

二転三転した説明

和歌山市衛生研究所が6月30日午後、飲み残しなどから黄色ブドウ球菌の毒素の遺伝子を検出したことを発表しますが、ちぐはぐな対応はなお続きます。

7月1日午前、同社は会見で「まだ結果は出ていない」としましたが、午後に石川哲郎社長らが謝罪会見を行い、「製造工程にあるバルブ内から黄色ブドウ球菌が検出された」と明らかにします。会見に引き続き行われた質疑応答で、大阪工場長から「(乳固形物が見つかった）バルブを三週間洗浄していなかった」と突然聞かされた社長は「君、それは本当か」と問いただし、絶句したのです。社長が蚊帳の外に置かれ、重大な事実が耳に入っていませんでした。

記者会見での説明も二転三転し、7月4日の会見を中途半端に切り上げてエレベーターに乗り込もうとした石川社長に報道陣が会見再開を求めてもみ合うなか、石川社長が「私は寝てないんだ！」と声を発したのです。確かに社長は寝る暇もない日々が続いていたようですが、その一瞬を撮った映像は悲しいかな繰り返し流されました。「病院で苦しんで寝ている子どもたちのことを考えたことがないのか」と報道陣に詰め寄られ、会見を再開する一幕もありました。

最終的には有症者数1万4780人（厚生労働省最終報告・2000年12月）と集団食中毒としては戦後最大の被害となった同社の不祥事対応は、企業のリスクマネジメントを考える上で最悪の事例として語り継がれています。私が大阪本社に勤務していた2010年11月18日、企業の広報担当者らで作る社団法人「日本パブリックリレーションズ協会」から頼まれ、「メディアと企業の危機管理」と題して在阪企業の広報担当者に話をした際も、真っ先に雪印乳業のケースを取り上げました。その後も大学などの授業で「企業のリスクマネジメント」をテーマにするときは「もし、皆さんが将来社長になったら、どんなに挑発されても逆切れしないでください。その映像は繰り返し流されてしまいますから気を付けましょう」と話しています。

拡大する不祥事と不正

食中毒に再び話を戻しましょう。事件は急展開します。

北海道の大樹（たいき）工場（大樹町）で製造された原料の脱脂粉乳から食中毒菌の毒素が検出されたのです。大阪府警は大樹工場製の脱脂粉乳が汚染原因と特定し、２０００年９月８日、業務上過失傷害容疑で現場検証。毒素を含んだ脱脂粉乳の一部が大阪工場へ搬入され、そこで製造した低脂肪乳などに使われて食中毒を引き起こしたことがわかったのです。大樹工場の管理者は加熱殺菌すれば問題ないと判断しましたが、加熱殺菌では毒素まで除去できず、そのまま製造に回されたことで被害が広がったわけです。

もとをたどれば同年３月に大樹工場で氷柱が落下し、工場が３時間の停電状態となり、脱脂乳が温められた状態で放置されたため、黄色ブドウ球菌が増殖して食中毒の原因となる毒素が発生したのでした。

今世紀に入っても不祥事は収まらず、別の広がりを見せます。２００１年秋、北海道産の乳牛に牛海綿状脳症（ＢＳＥ）の疑いがあると農林水産省が発表し、国内産の牛肉の販売が控えられる事態となり、政府は業者を保護する目的で国産の食用牛を買い上げる措置をとりました。この補助金制度に目を付けたのが雪印乳業の子会社「雪印食品」でした。

安価な輸入牛肉を国内産と偽って国に引き取らせ約2億円をだまし取ったことが2002年1月、取引先の内部告発で明らかになりました。これを機に、ふだんから輸入牛肉や豚肉を国産と偽って販売していたことが次々発覚したのです。会社ぐるみの犯行が明るみに出て、雪印食品は解散に追い込まれました。

危機管理はふだんから

雪印乳業の単独提供で1982年4月の初回から1000回を超えて続いていた長寿番組「料理バンザイ」は満20年をもって2002年3月に打ち切りになりました。集団食中毒事件以降、グループをあげて信頼回復に取り組んでいた雪印グループ本体にも偽装事件は致命傷となり、雪印関連会社まで相次ぎ売却されました。

もし雪印乳業の社長があの時、「寝てないんだ！」と言わず、報道陣のカメラに向かって「皆さん、雪印の乳製品を飲まないでください！」と訴えていれば、事態は変わっていたかもしれません。

情報公開の基本は、①可及的速やかに、知りうる限りの事実を公にする、②嘘をつかず、隠ぺいをしない、③経営トップが事態収拾に尽くす姿勢を示す、④過ちを素直に認め、心から反省する――などが挙げられますが、企業の危機管理の第一歩は、不測の事態が起きた時に「謝る力」を発揮できるよう、ふだんから覚悟を決め、組織的に動けるよう危機管理をシミュレーションしておくことではないでしょうか。もっとも、補助金詐取という不正はそれ以前の犯罪ですから、同情の余地はないでしょう。

7

消えたカリスマ

民営化以降最悪の事故

潔さ、勇気、素直さ、誠意……。反則プレーをした日大アメフット部の選手の会見を見た人たちの多くがこうした言葉で感想を語っています。私はふと思い出しました。１０７人が死亡、５６２人が負傷した２００５年4月のＪＲ福知山線脱線事故で、遺族の前に出て謝ろうとしない人物のことを。事故当時、ＪＲ西日本の相談役だった井手正敬氏です。旧国鉄の「改革三人組」の一人で、ＪＲ民営化後の１９９２年から5年間にわたって社長を務め、その後も会長、相談役として経営に影響を及ぼしたとされる人物です。

大阪本社の社会部在籍時にＪＲ西日本本社で井手氏の姿を見たのは

1　4版　第44011号　2005年（平成17年）4月25日　月曜日　（日刊）

急カーブで脱線 横転
快速、マンション激突
尼崎・ＪＲ福知山線
37人死亡 300人以上けが
先頭2両 L字形に

最も古いATS

9病院に収容

「毎日新聞」2005 年 4 月 25 日付大阪夕刊

1989年4月だったと記憶しています。国鉄の分割民営化の「総司令官」の異名をとった人物は国鉄総裁室長から転じて3年目、副社長として経営基盤強化に辣腕を振るっていました。労働組合担当だった私は国労西日本の組合員から井手氏の「やり手」ぶりは聞いていましたが、旧大阪鉄道管理局ビルの記者室に10人近い社員を率いて入ってきた時の姿は自信に満ちあふれていました。そんな出来事から16年後のこと……。

「何が起きたのだ!?」。2005年4月25日朝、テレビを見ている私の目に、電車がマンションに激突したような映像が飛び込んできました。ビルの壁に「く」の字に折れてへばりつく車体が映し出されています。「これはひどい」「どれだけ犠牲者が増えるだろうか」……。一瞬で大惨事とわかりました。

午前9時18分、JR福知山線の塚口―尼崎間（兵庫県尼崎市）で宝塚発同志社前行き快速（7両）が制限速度70キロの右カーブに時速115キロで進入し、先頭車両から5両目までが脱線し、一部は線路脇のマンション（9階建て）に激突したのです。乗客106人と運転士（当時23歳）が死亡し、

５６２人が重軽傷（起訴状では４９３人と認定）を負いました。１９８７年の旧国鉄分割民営化以降で最悪の事故です。

制限速度を45キロも上回る猛スピードの背景に浮かび上がったのが「過密ダイヤ」でした。大きな収益を見込める路線を持たないＪＲ西日本は競合する私鉄に負けまいと、新快速の所要時間短縮など主な路線網での高速化に躍起になっていました。その先頭で旗を振っていたのが井手氏です。効率重視の企業姿勢のもとで運転士には相当なプレッシャーがかかっていたことでしょう。

事故発生から2年余りたった２００７年6月に国土交通省航空・鉄道事故調査委員会は最終報告書でブレーキのかけ遅れが原因と断定しました。その上で、懲罰的な日勤教育を「ペナルティーと受け取られることがあり、実戦的な技術教育は不足していた」と批判し、ミスをした運転士や車掌の個人的責任を徹底的に追及するＪＲ西日本の企業体質が事故の背景にあったと指弾したのです。

この日勤教育は、少しの遅れでも勤務評定に響くため、運転士にしてみればスピードに過剰な神経を要する運転管理方法です。事故を起こした運転士は事故の前年6月にオーバーランをして日勤教育を受け、反省文を書かされており、事故直前にもまたオーバーランをしたため、報告されることを恐れて集中できずにブレーキが遅れた可能性も指摘されました。

謝罪拒む「JR西の天皇」

遺族や負傷者家族への謝罪の場や追悼慰霊式には喪服姿のJR幹部職員が黙とうして献花する光景が報じられてきましたが、井手氏の姿はありません。「おかしい」。公の場に出て遺族の訴えや悲しみにどうして耳を傾けないのでしょう。頑なに拒む姿勢に強い違和感を覚えました。

大学の授業で謝罪会見や企業のリスクマネジメントをテーマにするときは、「JR西の天皇」と呼ばれた井手氏について「一貫して遺族の前に現れず、マスコミの取材に応じない」と説明しています。収益追求の旗振り役として威勢のいい姿を見せておきながら、悲嘆に暮れる遺族に頭を下げないのは誠意がなさすぎるのではないか、と感じるからです。

遺族たちは２００９年1月、山崎正夫社長及び井手氏を含む歴代三社長の4人を告訴。神戸地検は7月に山崎社長を除く歴代三社長を不起訴処分としました。しかし検察審査会は三社長に対して「起訴相当」と議決。地検が再び不起訴にしたものの、再審査を経て２０１０年3月に第二段階の「起訴相当」の議決を行い、4月23日に歴代三社長が強制起訴されました。その2日後の追悼慰霊式には起訴された井手氏はＪＲ西日本の幹部の説得に耳を貸さず出席を拒んだのでした。

２０１２年11月30日、強制起訴された歴代三社長に対する被告人質問が始まり、井手被告は「現場カーブの安全性は取締役会で議論されておらず、危険性に気付くことは無理だった」と述べ、改めて無罪を主張しました。

さらに12月11日、歴代三社長の公判が神戸地裁であり、遺族が被害者参加制度を使って井手被告らに直接質問し、井手元会長は事故の責任について相談役を辞めたことで責任を果たしたと強調しました。遺族が公の場で初めて直接ただす機会で、次男を亡くした遺族が「被害者への責務をどう考えているのか」と問いかけると、井手氏は「経営者が辞めるのが社会通念」と答えました。さぞかし遺族は無念だろうと思います。

組織風土に変化の兆し

その井手氏の肉声を収めたノンフィクション作品が2018年4月に出版されました。元神戸新聞記者で気鋭のノンフィクションライター、松本創さんが書いた『軌道　福知山線脱線事故　JR西日本を変えた闘い』（東洋経済新報社）です。JR西日本に共同検証を求めた遺族の肩越しにポジションを定め、企業組織内部に斬りこむ取材は遂に井手氏へと到達します。

事故原因を問う著者に井手氏は「完全に運転士のチョンボ。それ以外にあり得ない」と断言しました。さらに構造的な問題ではないかとの見方には「事故において会社の責任、組織の責任なんていうものはない。そんなのはまやかしです」と反論したのです。それを受けて著者はこう記します。「今なお彼は、国鉄改革の中にいる。『総司令官』の誇りを胸に、国鉄の幻影とたたかっている――」

著書によると、ＪＲ西日本の組織風土が変わりつつあるようです。松本さんは「ＪＲ西としては、事故はたるんで仕事をしていた現場個人の責任、という発想からの大転換でした。それが、人間誰しも意図せずミスを犯してしまうもの、という考えに切り替わった」（『週刊東洋経済』５月19日号より）と語っています。

一方、重大事故を起こした企業などに刑事罰を科す組織罰に着目した遺族たちは「組織罰を実現する会」を作り、刑法の業務上過失死罪に法人への罰金刑を加える特別法の制定を求めて動き出しています。

被害者説明会出ぬ井手氏

「会社と個人の罪は別」

責任の行方　～ＪＲ３元社長判決　㊤

「毎日新聞」
2013年９月24日付東京夕刊

私は１９９３年１月22日、ＪＲ西日本本社を訪ね、住友銀行出身で初代の代表取締役会長を務めた村井勉氏にインタビューしたことがあります。半年前に井手氏の社長就任に伴い、相談役名誉会長に退いていましたが、住友銀行副頭取をはさんで出向した東洋工業（現マツダ）、朝日麦酒（現アサヒビール）をそれぞれ再建させた人物に興味があったからです。以下はその時の彼の言葉です。

「現場の声が途中の部長や課長で変化せず上に伝わらないといけない。風通しをどうしてよくするか。それが大事ですよ。経営者がワンマンの会社はえてして番頭さんがヒラメ族になっていくんだなあ。どういう意味かわかる？　社長の周囲が上（社長）ばかり見る。だから社長の行く現場を先回りして実際よりええところを見せて、社長はハダカの王様になってしまう。これじゃダメだ。社長じゃなくても絶えずお客を向くんでないと」

村井氏は福知山線の事故が起きる2年前に顧問名誉会長を退任しました。遺族は事故への思いを聞くつもりでしたが、２００８年に亡くなりました。遺族は「さりげなく事故について水を向けても、父は無言のまま表情ひとつ変えませんでした」と教えてくれました。無念さ、自責の念、それとも……。黙して語らずの心中はわかりませんでした。

問われる「私たち」

「謝らない人」や営利を優先するＪＲ西日本の企業体質を頑として変えなかったのは、高度経済成長の余熱を帯びた時代に至るまで、なお効率やスピードを「善」とする価値観が根を張っていたからかもしれません。しかもそこにはそれを望んだ「私たち」もいたはずです。弱肉強食や格差の広がる社会で人間は幸せに生きていけるのでしょうか。福知山線脱線事故が問いかけたものはなにか。私たちも日々の暮らしの中で立ち止まって考える必要があるように思います。

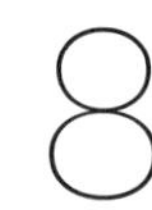

謝罪を未然に防ぐ力
――"株"を上げた危機対応――

危機管理のお手本

「不手際で後手後手の謝罪会見を並べるだけでなく、的確な判断と危機広報がうまくいったケースはないだろうか」。企業の危機管理の素材を探していた私に大阪本社編集局の同僚が真っ先に差し出したのが、異物混入の脅迫を受けた参天製薬（本社・大阪市）の点眼薬全製品回収の資料でした。謝罪するケースとは違いますが、もし脅迫を隠して消費者に被害が及んでいれば、一転して謝罪する立場に回ります。そう考えれば、「謝罪を未然に防ぐ力」も必要で、それを支える側の企業理念の存在も浮かび上がります。

「消費者の安全を最優先しました」。

2000年6月15日午後7時、大阪市北区のホテルで会見に臨んだ参天製

脅迫され目薬250万個回収

参天製薬　全国の店頭から

「異物混入」郵便届く

2000万円

の「安全最優先」

武田３製品回収

「回収してみろ」「騒がせてみたかった」卑劣な

「危機ランクはA」

社長不在で幹部ら

“負の情報”公開に激励

参天製薬脅迫

損失…決断

市民の要望に応えた

脅迫に屈しないで／き然と

参天製薬の商品回収を報道する各紙

薬の森田隆和社長は苦渋の表情で語りました。

100人余りの報道陣からどよめきが起こります。同社は当時、医療用目薬で業界トップ、一般用目薬は2位。同年3月期の売上高796億円のうち、目薬が9割を占めていました。1890（明治23）年創業の老舗で、東証・大証一部上場、従業員約1600人を抱える優良企業です。この前代未聞の判断が業界に激震を与えたのです。

異物混入と脅迫への素早い対応

前日の6月14日朝、参天製薬本社と近くの郵便局の私書箱に届く郵便物の仕分け作業中、その中の封書に点眼薬らしきものが同封されていることがわかりました。森田社長宛てで大阪市内の消印。裏側に送り主の住所と名前が記されていましたが、実在するかどうかは不明で、開封すると、「現金2000万円を用意しろ」「応じない場合は異物を混入した目薬数十本をばらまく」という脅し文句と現金授受の方法を書いた脅迫状が入っていました。同封の製品「サンテ40ハイ」の液体が二層に分離していたため異物の混入がわかりました。

参天製薬は東京に出張中の社長に連絡し、「至急帰阪する」との返事を受けると同時に大阪府警に届け、関係部署の担当者を招集して協議に入りました。その中で製品回収という方向性を決めたのが、新たに策定中だった経営理念の一つである「患者さんと患者さんを愛する人たちのために」という一文でした。業界誌『ドラッグマガジン』（２０００年8月号）のレポート「全製品回収を決めた参天製薬脅迫事件の三十四時間」で、社長室の広報担当者が「もし万が一、薬局薬店で購入した点眼薬で失明したら、この経営理念から大きく逸脱することにもなるのです」と語っています。

翌15日も朝から協議を続け、最終的に「点眼薬全製品の回収」を決定し、午後7時の会見を設定しました。一方、大阪府警捜査一課と東淀川署は揮発性油が混入されていたことを確認し、恐喝未遂事件として捜査を始めました。大阪では１９８０年代に「グリコ・森永事件」が発生しており、森田社長は「脅迫状を受け取ったときからそれを意識した」「悪意ある人間がかかわっているとしたら、簡単に屈するわけにはいかない」と考えたそうです。

同社は記者会見で「使うと目に炎症を起こす恐れがある」として、全国約7万の薬局・薬店で販売されている一般用目薬24品目約250万個の全品を回収すると発表しました。

店頭分は16日中に、販売店の在庫品についても10日間で回収する方針を示し、包装を一度破るとわかるようにする混入防止措置を取ることにし、措置が完了して再び店頭に商品が並ぶまで同社製の目薬を購入しないよう呼びかけました。卸問屋などの在庫品の一部を除き、19日には小売店の商品についてすべて回収を終えました。脅迫状が届いてから全製品回収発表までわずか2日と素早い対応でした。

損失より消費者を守る

森田社長は、製品回収でこうむる損失を「原価ベースで約3億円」と説明し、担当役員が「売り上げへの影響だけでなく、パッケージの混入防止措置、大半の営業員や販売代理店の社員を総動員して行う回収に費やされるエネルギーは計り知れない」と説明を加えました。需要の最盛期である夏場を前にした苦渋の決断です。それでも森田社長は「不当な要求に応じるつもりはない」と言い切ったのです。

食品や医薬品を狙った異物混入の脅迫は、グリコ・森永事件がそうだったように消費者が〝人質〟となり、企業としては対応に苦慮しますが、それだけに積極的な情報公開が強く求められます。同社が社会悪を許さず消費者を守ろうとした判断は、事件後の同様ケースにも大いに参考となる事例となりました。

《同社への電話は当初、目薬の安全性の問い合わせばかりだったが、次第に激励の電話と電子メールが届き始めた。内容は「卑劣な脅迫に屈しないで」「き然とした対応に敬意を表します」「再出荷の時には、ぜひ参天製品を選択したい」などといったもので、既に数十件に。同社社長室の広報担当者は相次ぐ声援に感激し、「思わず目頭が熱くなった」と話す。

企業の危機管理などを研究している警察庁の外郭団体で同庁のシンクタンク「公共政策調査会」（東京）の板橋功室長は「参天製薬は、恐らく膨大な損失を覚悟して自発的に〝負の情報〟を公開した日本初の企業だろう」

と評価する》

（「毎日新聞2000年6月20日付紙面（大阪本社発行）」より）

参天製薬の対応は「消費者本位の素早い対応だ」と逆に"株"を上げたわけです。

好判断は社内の意思疎通から

参天製薬の脅迫事件や雪印乳業の食中毒問題など、危機管理が問われる事案が続く中、シンナー入りの目薬が送りつけられた製薬大手の「武田薬品工業」（大阪市）の「消費者の安全とスピード」を最優先にした対応も高く評価されました。

２０００年７月７日午前10時すぎ、武田薬品工業本社に脅迫状が届きました。同社幹部は奈良県へ出かけていた武田國男社長と電話で協議し、大阪府警東署に被害を届け出ました。脅迫文が稚拙なことから、「いたずらではないか」との意見も出ましたが、断定できない限りは消費者の安全を最優先に考えたのです。

同社は脅迫状に同封されていた「マイティアＳＧ」に加え、袋に包装されておらず異物混入が容易と考えられる商品の３製品計39万個を店頭から回収する方針を決めました。社長不在で社員が主体的に判断したもので、その報告を受けた社長も「その通りだな」とのひとことで了承しました。社内の風通しの良さが好判断をもたらしたのでしょう。

「企業のリスクマネジメント」をテーマに大学で授業する場合、私は参天製薬と武田薬品工業のケースを「成功事例」として紹介しています。

新聞社も例外ではない

信頼回復のために！

人も会社も突然、謝罪する側に立たされることがあります。それは記者も新聞社も例外ではありません。イラクの首都バグダッドを米英が空爆してイラク戦争の火ぶたが切られてから約1か月半が経過した2003年5月1日（現地時間）、ヨルダンの首都アンマンにあるクイーンアリア国際空港でクラスター（集束）爆弾の子爆弾が炸裂し、手荷物をチェックしていた警察官1人が死亡、5人が負傷しました。イラクからこの爆弾を「記念品」として持ち帰ろうとした毎日新聞東京本社の

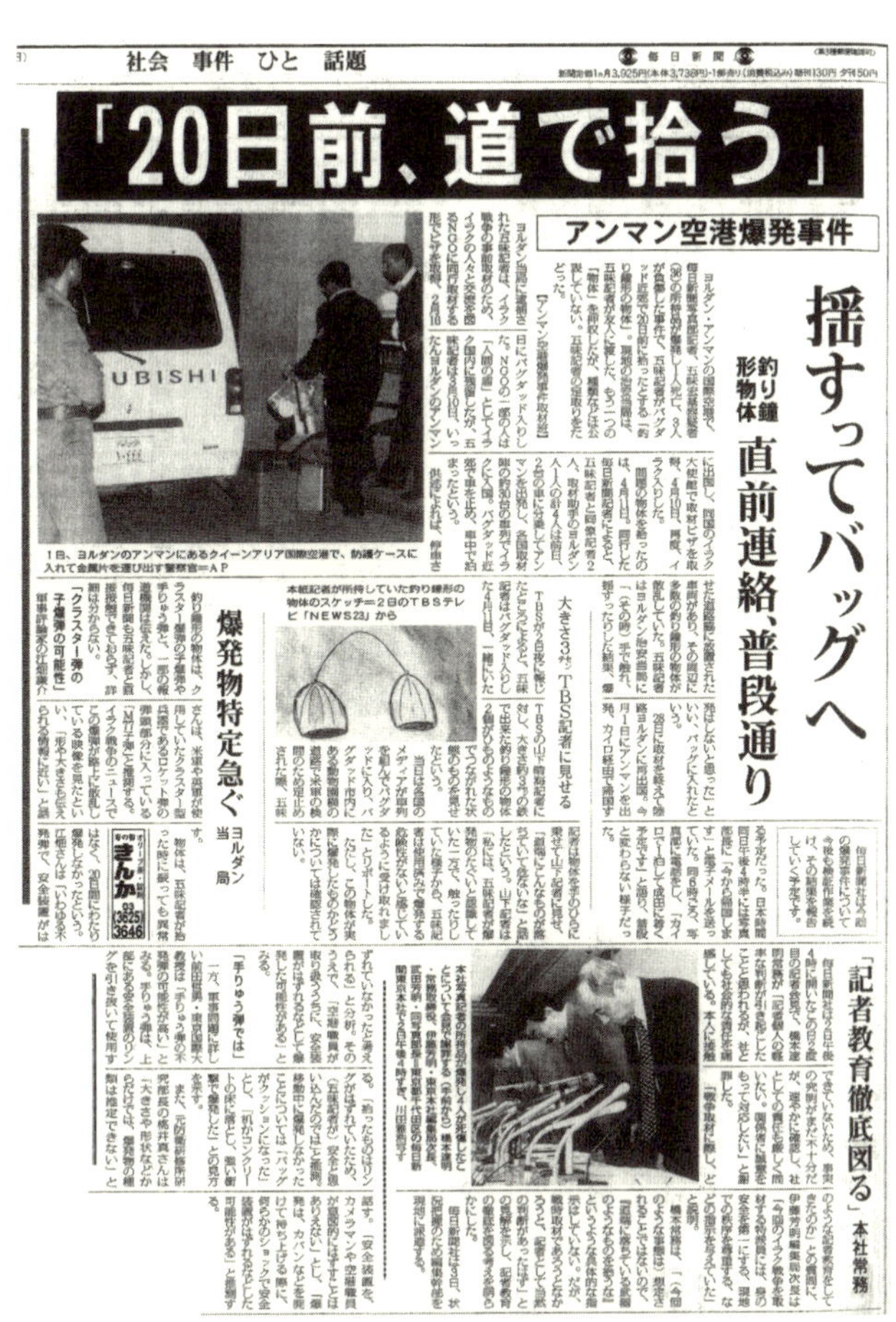

社会　事件　ひと　話題

「20日前、道で拾う」

アンマン空港爆発事件

揺すってバッグへ

釣り鐘形物体　直前連絡、普段通り

ヨルダン・アンマンの国際空港で、毎日新聞写真部記者、五味宏基[容疑者]（36）の所持品が爆発し1人死亡、3人が負傷した事件で、五味記者がバグダッド近郊で20日前に拾ったとする「釣り鐘形の物体」。現地の治安当局は、五味記者が友人に渡した、もう一つの「物体」を押収したが、種類などは公表していない。五味記者の足取りをたどった。【アンマン空港爆発事件取材班】

1日、ヨルダンのアンマンにあるクイーンアリア国際空港で、防護ケースに入れて金属片を運び出す警察官＝ＡＰ

大きさ3センチ　TBS記者に見せる

本紙記者が所持していた釣り鐘形の物体のスケッチ＝2日のＴＢＳテレビ「ＮＥＷＳ23」から

爆発物特定急ぐ

ヨルダン当局

「クラスター弾の子爆弾の可能性」

「[M77子弾]」

「手りゅう弾では」

「記者教育徹底図る」

本社常務

「毎日新聞」2003年５月３日付東京朝刊

写真部記者の軽率な行動が招いた結果でした。

現地で対応した1人として記憶をたどってみます。

発生当初は不足していた情報が刻々と具体性を帯びてきます。身柄を拘束されたのが「非アラブ系の男」から「日本人ジャーナリスト」となり、最も恐れていた「同僚記者に関与の可能性がある」との一報をカイロ支局から東京本社に入れたのが私だったのです。日本時間で5月2日午前2時（現地時間で1日午後7時）ごろでした。

その瞬間から毎日新聞社がどう対応したのか、「検証・アンマン空港爆発事件」（5月10日付）を参考に振り返ります。

東京本社では直ちに編集幹部が集結し、午前4時に写真部記者が拘束されたことが確認されたのを受け対応を協議し、午前5時、記者会見を午前6時から本社で開くことを決めました。早朝の会見は異例ですが、「テレビ局が朝一番に報じるニュースに毎日新聞社の見解が全くないのは良くない」「分かったことを、隠し立てせずに」との方針を立て、それに沿って動き出したのです。

午前6時、会見には常務、編集局次長、写真部長が並び、拘束された「容疑」が判然としない段階のため「遺憾」と表現しました。概要がつかめた段階で「おわび」の姿勢へと向かいます。午後4時に2度目の会見を開き、朝と同じメンバーの3人が「心からおわびをいたします」と謝罪し、頭を下げました。

編集局では今後の方針として①情報は徹底して公開し、信頼を取り戻すため隠し事はしない、②刑事・民事の問題に現地でしっかり対応する、③原因を徹底的に調べて読者に報告し、2度と起きないよう対策を練る、④遺族、被害者、ヨルダン政府と国民に誠心誠意謝罪し、許しを求める――の4点を決めました。

現地で筆者も対応

現地アンマンには直ちに欧州総局長はじめヨーロッパや西アジアに駐在する特派員が呼び寄せられたのです。イラク戦争でヨハネスブルク支局からカイロに応援に入っていた私もその中の1人でした。課せられた任務は一般企業では主に総務課や社長室が担う不祥事対応です。追い求めた情報を他社より一刻も速く、署名記事として送稿しようとする日常の仕事が一変したのです。言語、宗教、政治体制、法律体系、文化、慣習が異なる中東での不祥事対応だけに、東京本社と現地の情勢分析の擦り合わせも含め試行錯誤の面もありました。

その後の主な経緯を整理してみましょう。

編集局次長が成田空港から出発（3日）▽編集局次長がアンマン着。爆発現場に献花し、警備隊にお悔やみ（4日）▽毎日新聞が地元紙に謝罪広告を掲載（6日）▽編集局次長が写真部記者と面会（同）▽社長がアンマン着。空港治安警察の最高責任者に謝罪、現場に献花（7日）▽本社社長がアブドラ国王に面会し、おわびする（8日）▽写真記者が爆発物法違反（所持）と過失致死、過失傷害の罪で起訴される（19日）▽記者がヨルダン国家治安裁判所から過失致死罪と同傷害罪で有罪とし禁固1年6月の実刑判決を言い渡される（6月1日）▽アブドラ国王が拘置所にいる記者の特赦を承認（同16

日）▽特赦を受けた記者を拘置所から釈放（同17日）――という経過をたどりました。

行為は許されるものではないが……

現場指揮をとるため東京からアンマン入りしたのは、かつてカイロ特派員を務めた経験から中東の現場を熟知する伊藤芳明編集局次長でした。クイーンアリア国際空港に到着した局次長は、死亡した警察官の上司である空港警備最高責任者と面会し、「毎日新聞として、社員の取った行動が原因で職員が亡くなったことを誠に申し訳なく思います。心からお悔やみしたいと思って飛んできました。負傷された方々にもお見舞いの気持ちを伝えたいと思います」と述べ、弔意と謝罪を表明しました。

空港では私たちが献花用の花を用意し、それを手にした局次長は爆発現場に供え合掌しました。空港職員らが輪になってお祈りを始めると、局次長もともにイスラム様式で犠牲者の冥福を祈り、空港職員一人一人におわびの言葉を伝えました。

局次長は私たち特派員を集め、こう言いました。

「メディアには状況を逐一伝える。自分たちでつかんだ情報を君たちが記事にできないことは本当に申し訳ないが、すべて共有するものとして公開する。拘束された彼の行為は許されるものではないが、同じ仲間として日本に絶対に連れて帰る。協力してほしい」

私たちも当然そのつもりでした。実は拘束された記者と私は、イラク戦争勃発後の4月上旬、カイロの街で鍋をともにつつきました。弱い立場の子どもやお年寄りらの被写体に、レンズより心で迫ろうとする彼に「こんど一緒に仕事をしよう」と約束していただけに、最悪の展開に胸がつぶれる思いでした。

現地ですべき作業は山積していました。遺族や負傷者を見舞い、ヨルダンのアブドラ国王に社長が面談して謝罪できるよう情報相に接近する一方、内外のメディア対応も重要な任務です。一連の出来事を記事にする仕事も当然ありました。さらに、ヨルダン政府や遺族らへのおわびを伝える謝罪広告を地元のアラビア語主要紙に載せるために文案を考え、アラビア語に訳してもらう作業もありました。

「葬儀には喪服がいるのではないか?」。そう気づいたものの、誰も葬儀の準備まではしていません。あわてて街中の古着屋を回り、地味な上着のジャケットと黒っぽいネクタイをどうにか3～4人分そろえました。しかし地元の人に聞いてみると、日本のようにフォーマルな格好で参列する習慣はない

アンマン事件

本社社長 遺族を弔問

「深い悲しみと哀悼の意」

亡くなったアリ・サルハンさん

ヨルダン・アンマンのクイーンアリア国際空港で起きた爆発で治安警察のアリ・サルハン曹長

に住む同曹長の遺族宅を弔問した。

斎藤社長はサルハン曹長の兄のアブドラさん(44)ら家族に「弟さんが、私どもの社員の起こした事件で亡くなられたことに、深い悲しみと哀悼の意を表したいと思います」とおわびした。アブ

を亡くしたため、私がアリ(曹長)を育てた。弟であると同時に、私の子供のようだった」と悲しみに沈みながら話した。

また、同村の代表者で警察幹部でもある曹長の親せき、ファゼルアリ・サルハンさんは「亡くなったアリのことは忘れる

は8日にも保釈の同意書に署名し、弁護士に送ることを約束した。伊藤芳明・東京本社編集局次長は7日の記者会見で「同意書は弁護士から検察官に渡され、検察官が保釈するかどうかを最終判断する」と説明、「毎日新聞はヨルダンの法律体系

アブドラ・サルハンさん(左から2人目)を弔問した斎藤社長(右)＝マフラク県で7日午後1時35分、宮本明登写す

「毎日新聞」2003年5月8日付東京朝刊

とわかりました。

伊藤局次長はアンマン入りから2日後の6日にヨルダンのアドワン情報相を訪ね、社長からアブドラ国王宛ての謝罪の手紙を手渡しました。犠牲者への弔意、負傷者への見舞い、国王や政府・国民へのおわびを表明した内容のものです。情報相は局次長に「毎日新聞の迅速な対応を評価している」と述べました。

国王と社長が会談

7日未明、斎藤明・毎日新聞社長がアンマン入りし、犠牲者の遺族を弔問しました。同行の弁護士に、遺族側は記者の保釈の同意書に署名して送ることを約束しました。弁護士はそれを検察官に渡し、検察官が保釈するかどうかを最終判断するのです。会見した伊藤編集局次長は「毎日新聞はヨルダンの法律体系を尊重しており、事態の推移を見守りたい」と話しました。

アブドラ国王は8日、斎藤社長と会談し、「これをきっかけに、両国の関係は損なわれることはないと信じています」「なるべく早く解決され、あなたがたの同僚が保釈されることを望みます」と語りました。

アブドラ国王の特赦で17日に釈放された記者は18日に記者会見し、謝罪した上で、「道義的責任は逃れられない。この責任を一生背負って生きていきます」と語りました。

毎日新聞社は21日付で記者を懲戒解雇にしました。

謝罪する側として向き合った内外のメディアは理性的でした。情報公開を基本にした我々を理解してくれたのかもしれません。日本語と英語で記者会見を終始担当していた伊藤編集局次長は知り得る限りのことを丁寧に説明しました。他者の記者たちの眼差しをキツいと感じたことはありませんでしたが、余計な仕事をさせて申し訳ないと思っていました。

後日、ある全国紙の特派員ＯＢが私に言いました。「うちの社の連中が『毎日新聞がうらやましい』と言うんだ。許されない行為をしたのに、局次長が『おれたちの仲間だから絶対に連れて帰る』と話すのに感激したんだな。アラブ世界での危機対応も迅速で良くやったと思うよ」。私はただ恐縮しながら聞いたものです。

10

もしあなたが広報課長だったら

大学生への文章講座　番外編

「リスクマネジメント」をテーマにした大学の授業やセミナーで自分が当事者だったらどうするのかをイメージして学生に作文を課すようにしています。明治大がメディア志望の学生を対象に開講している同大学基礎マスコミ研究室の「文章講座」の番外編として２０１７年12月に行った実践を紹介します。

まず「企業の謝罪会見　リスクマネジメントと教訓」と題したパワーポイント資料で企業の謝罪会見の実例を説明します。その前月の毎日新聞１面記事から「日産　無資格検査38年間　報告書　幹部処分発表せず」（11月18日付朝刊）、「三菱マテ系データ改ざん　子会社2社　２００社超に出火　ゴム・

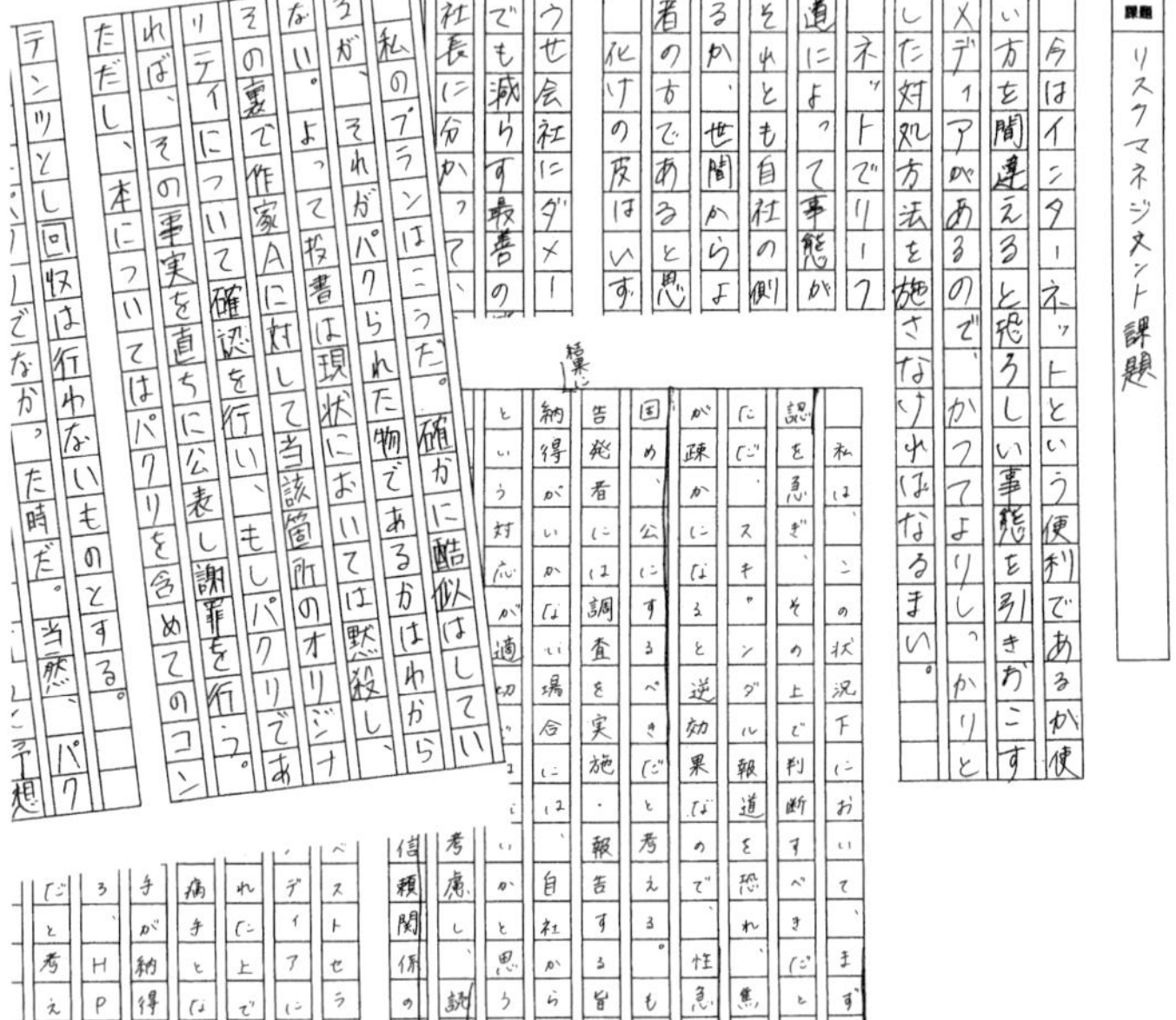

課題　リスクマネジメント課題

今はインターネットという便利であるが使い方を間違えると恐ろしい事態を引きおこすメディアであるので、かつてよりしっかりとした対処方法を施さなければなるまい。

ネットでリーク
道によって事態が
それとも自社の側
るか、世間からよ
者の方であると思

化けの皮はいず

うせ会社にダメー
でも減らす最善の
社長に分かって、

私のプランはこうだ。確かに酷似はしているが、それがパクられた物であるかはわからない。よって投書は現状においては黙殺し、その裏で作家Aに対して当該箇所のオリジナリティについて確認を行い、もしパクリであれば、その事実を直ちに公表し謝罪を行う。

ただし、本についてはパクリを含めてのコンテンツとし回収は行わないものとする。

…なかった時だ。当然、パク
…予想

私は、この状況下においてまず
認を急ぎ、その上で判断すべきだと
ただ、スキャンダル報道を恐れ、焦
が疎かになると逆効果なので、性急
国め、公にするべきだと考える。も
告発者には調査を実施・報告する旨
納得がいかない場合には、自社から
という対応が適切…いかと思う
考慮し、読
信頼関係の

ベストセラ
デイアに
れに上で
痛手とな
手が納得
ろ、HP
だと考え

銅製品」（同24日付朝刊）を映しました。さらにSMAPのメンバーが謝罪会見で頭を下げている場面の写真、そのほかこの本でも取り上げている船場吉兆や雪印乳業、JR西日本などの謝罪ケースを紹介し、メディア対応で迅速な情報公開が大切なことを話しました。続いて次のような設定で作文を書いてもらいました。具体的にイメージしてもらうため長文です。制限時間は30分です。

《私は中堅出版会社のM社で広報課長をしている。作家Aの話題の新刊『和泉の森』が発売直後だが、早くも売れに売れている。この出版不況のなか、空前の売り上げで増刷に次ぐ増刷の大ベストセラーだ。このところ経営危機に苦しんでいたM社にとって起死回生の出来事である。

そんな折、匿名の投書が届いた。それは『和泉の森』を「無名のまま亡くなったBという作家の遺作にそっくりだ。盗作ではないか」と指摘したものだった。「まさか」。念のためこっそり調べてみると、確かに数ページにわたり文章が酷似していたのだ。私は震えた。

「こんなことが世間に知れたら新聞で大騒ぎになる」「社長に伝えるべき

か」「匿名なら私だけでなんとか対処できるのではないか」「まだ誰も気付いていない」「作家Aに伝えるべきか」「万が一、Aが認めたらどうなる？」「そんなことになったら記者会見しなければならない。会社には最悪のダメージだ」「黙って通せるだろうか」「正直に向き合わなければ」「バカな、会社が倒産してしまうぞ」……。私の頭の中でさまざまな言葉がグルグルと回り、パニックに陥ってしまった。

〔出題〕皆さんがもしM社の広報課長だったら、どう対処するかを書きなさい（400字）》

真剣な表情で学生が書き上げた作文から3本を紹介します。

《「よし」と声を上げて私は社長室へと歩を進めた。社長に対して現状説明と今後の対応策を提案するためである。

私のプランはこうだ。確かに酷似はしているが、それがパクられたものであるかはわからない。よって投書は現状においては黙殺し、その裏で作家Aに対して当該箇所のオリジナリティについて確認を行い、もしパクリであれば、その事実を直ちに公表し謝罪を行う。ただし、本についてはパクリを含めてのコンテンツとし回収は行わないものとする。

問題はパクリでなかった時だ。当然、パクリと信じる投書者は今後も投書を行うと予想されうる。もしかすると週刊誌などにリークして大事に仕立て上げるかもしれない。そうした場合に対応するためにも法務にこの案件を内々に共有し、とりうるあらゆる法的措置を弁護士と共に検討してもらい、いざとなれば訴訟を起こす準備を進めてもらう。

この万全な策ならば社長も納得するだろう》（法学部2年）

《私は、この状況下において、まずは事実確認を急ぎ、その上で判断すべきだと考える。ただ、スキャンダル報道を恐れ、焦りで確認が疎かになると逆効果なので、早急に事実を固め、公にするべきだと考える。もちろん、告発者には調査を実施、報告する旨を伝え、結果に納得がいかない場合には、自社から公表するという対応が適切ではないかと思う。

出版社の経営ばかりを考慮し、読者の声をもみ消してしまうのは、信頼関係の崩壊を意味する。たとえ、大ベストセラーという好期を失ったとしても、メディアにスキャンダル報道され、対応を迫られた上での公表は先の損失と比にならないほど痛手となるだろう。

逆に、盗作ではないが相手が納得できない場合も、大々的でないにしろ、HPやツイッター等で報告する事は必須だと考える。

ネットがものを言う今、消費者の声は良くも悪くも大きい。だからこそ、誠意表明の為に馬鹿正直でいる必要があるのではないか》（情報コミュニケーション学部2年）

《今はインターネットという便利であるが使い方を間違えると恐ろしい事態を引きおこすメディアがあるので、かつてよりしっかりとした対処方法を施さなければなるまい。

ネットでリークされたり、週刊誌などの報道によって事態が明らかになって謝罪するか、それとも自社の側から事実を公表して謝罪するか、世間から良く見られるのは圧倒的に後者の方であると思う。

化けの皮はいずれ剝がれるものである。どうせ会社にダメージが出るなら、それを少しでも減らす最善の策を講じるべきだ。まず、社長に分かっている事実を伝え、緊急の記者会見を開き、共に頭を下げてもらい、これから原因を究明すると発表。第三者委員会を設置し真摯に調査に臨み、時間がかかってもいいから不明な部分を完全に無くし、二度目の記者会見で全て包み隠さず洗いざらい公表。慰謝料と幹部の辞意、お詫び広告の掲載は致し方ない。会社存続には多分、それしか無い》（政治経済学部2年）

作文「謝罪」

そして今回の問題に関連して6月4日、日大選手の記者会見を報じた毎日新聞の1面と社会面（5月23日付朝刊）を1年生に読ませ、自身の体験を重ねて「謝罪」と題した作文を原稿用紙2枚（８００字）に書かせてみました。

学生の多くは会見した同世代の日大学生の行動を「素直」「勇気」「誠心誠意」などの言葉で称えました。その部分を抜き出してみましょう。

「日大アメフット部の反則行為を謝罪した選手の、言い訳をせず伝えることだけ伝える姿勢には感動したし、尊敬し同時にうらやましくも思った」

「人として誠心誠意、謝罪することが大事だと思う。人は誰しも失敗をしてしまう。だからこそ、その間違いを素直に認めて謝罪し、次への糧にすることが大切だと思った」

「監督に指示された行為だったことを明らかにしながらも、彼は最終的には自分の責任だと述べた。決して監督やコーチのせいにしはしなかったのだ。さらに、今後アメフット競技から身を引くとまで述べ、自分のしたことを深く反省していた。（略）謝罪することは、自分に正直にそして素直になることなのだと実感させられた」

「日大の指導者は、人として誠意ある対応ができないとこうなる、自分勝手な人達がたどり着くいい見本になったとも言えるだろう」

「誠心誠意の謝罪をするのか、自分の身を守ろうとするのか。私は前者でありたいと思うのとともに次の行動につなげていきたいと思う」

村上春樹さんの言葉も素材に

「謝罪」といえば、この文章講座では以前こんな実践も試みました。

2015年春、村上春樹さんがテロリズムや東アジアの国々との関係、原発問題などについて語った長文のインタビュー記事（4月19日付毎日新聞朝刊）を読ませた2年生に感想と意見を書かせたことがありました。共同通信の小山鉄郎編集委員が行ったインタビューで、新聞1ページをほぼ埋める約4500字の長文です。国際情勢に沿ったテロに対する分析や、緊張が高まる中国、韓国に関する歴史認識、原発再稼働への批判など、村上さんの考えが強くうかがえる内容で、特に注目されたのは歴史認識に触れたこのくだりです。

《歴史認識の問題はすごく大事なことで、ちゃんと謝ることが大切だと僕は思う。相手国が「すっきりしたわけじゃないけれど、それだけ謝ってくれたから、わかりました、もういいでしょう」と言うまで謝るしかないんじゃないかな。謝ることは恥ずかしいことではありません。細かい事実

はともかく、他国に侵略したという大筋は事実なんだから》

「謝ることは恥ずかしくない」という言葉に触れた学生は刺激を受けたようで、共感から違和感まで率直な感想を書きました。「謝罪」をより多角的に考察する機会になったように思いました。一部を以下に紹介します。

「村上春樹さんの本は、現実離れして時代や歴史と全くつながりがないと思っていたが印象が変わった」

「平和という大きなものではなく一人一人の人生という物語を思う気持ちは真摯に仕事をしていなければ生まれないものであろう」

「歴史認識と原発問題に関して村上さんと意見が異なる。謝るだけでは進展がなく、その事実の双方の歴史背景を知ろうとすべきだ」

彼らの中には2018年春に卒業し、新聞社や放送局で記者生活をスタートさせた者もいます。各地の現場で謝罪会見を取材する機会もあることでしょう。どう報じるか、注目したいと思います。

11 合理主義の関学ファイターズ ——著者が26年前に書いた記事——

伝統の校風

日本大と関西学院大。アメリカンフットボール部で東西ライバル校のチームカラーの違いが指導者らの会見からもうかがえます。実は本書の著者である私は毎日新聞阪神支局に在籍していた1992年秋、地元の「阪神版」に関学アメフット部の先進性について記事を書いたことがありました。

大阪と神戸に挟まれた阪神間（兵庫県西宮市など）は背後に六甲山、目の前に大阪湾が広がる開放的な明るい風土のエリアです。その地域を音楽や文学、前衛美術、スポーツ、食文化など多彩なテーマで同僚たちと取材して「阪神観」というタイトルで連載（計54回）しました。取材班のルポを素材に仏文学者で京大名誉教授の多田道太郎さん、文芸評論家の河内厚郎さんの討論

阪神 雑観 街・人・文化

題字・元永定正氏

●●13

関学のアメフト

合理主義がみせるスマートさ

甲子園ボウルの歴史

洗練されたプレーを見せる関学大アメリカンフットボールチーム　西宮市の阪急西宮スタジアムで9月26日

「毎日新聞」1992年10月26日付　阪神版

を加える形でジャーナリズムとアカデミズムが相互乗り入れした記事を仕上げ、後に『阪神観――「間」の文化快楽』（東方出版）という単行本にもなりました。

その書籍の「合理主義の関学アメフト」とタイトルをつけた章から一部を引用してみましょう。

《「練習は厳しく、試合はさわやかに。それが私たちのモットーです」。中・高・大でいずれも日本一を経験、大学のコーチも務めた山川岳さん（西宮市雲井町）は胸を張る。「ウチには体育会系独特の上下関係がなく、下級生が先輩の荷物を持ったり、洗濯などの雑用もない。平等に練習でき、〝汗と涙〟の高校野球とは対極です」》

《一八八九年に米国南メソジスト監督教会のランバス博士が創設した関学。伊角富三・元監督は「ミッション系の校風と阪神間の明るい風土も大きい」と分析する。太平洋戦争に敗れたショックが尾を引く四七年ごろから、神戸在住米軍人らの指導で合理的なチーム作りを積極的に進める一方、四九年には早くも中等部にアメフト部を作り、中、高、大の一貫した選手育成を始め、高等部出身者は現在の部員約百五十人の約三分の一を占めるほどだ》

《「オレについてこい」の大松博文監督がしごきあげた女子バレーボール「東洋の魔女」に象徴される、禁欲的な勤勉さがもてはやされた昭和三十年代後半には既に、米国へのコーチ留学制度を始め、いつしか「日本アメフトの情報発信基地」と呼ばれるようになったのだ。

学院理事長になり、甲子園ボウル優勝七回を経験した武田建・総監督も「自分の得意な分野を受け持ち、ち密な作成を立てて戦うのがアメフトの魅力」と話すが、常に合理的な指導方法を追求してきた姿勢は、ライバル校の日大、京大がいずれもカリスマ性を持った指導者（日大の篠竹幹夫監督、京大の水野弥一監督）に引っ張られ、旧来の体育会系のイメージを引きずっているのとは対照的だ。

赤いチームカラーの「日大フェニックス」を長年率いる篠竹監督は「サムライフットボール」と称する独自の精神主義から深夜に及ぶ長時間練習

を課し、試合中はニコリともせず厳しいゲキを飛ばす。

関学のアメフトの魅力を篠竹監督は「組織としての取り組みは日本一」と認めたうえ、「それに対抗するには、"和魂洋才"の根性路線しかなかった」と打ち明ける。また、名将で知られる水野監督も「とうていマネできない柔軟性のある戦略がスマートで、時代を先取りする精神を常に持っていた」と讃える。

そういえば、日本の企業社会は最近、上下関係や泥臭い人間関係を重視する封建的な年功序列型から、個人の能力や適性を重んじる合理主義を優先する傾向にあるという。これは関学アメフト部が四十年以上前から実践してきたものではなかったか……。

「先輩へゴマをする"よいしょ"が通用せず、"これだけやったんや"という精神主義も通らない。結果をいかに出すかを合理的に明るく追求する。それがアメフトから学んだことで、実社会でも大いに役立っています」。山川さんは強調した》

あらためて読んでみると、４半世紀以上も前の記事ながら、今でもうなずける部分が多々あることに気がつきました。紙面に登場する山川岳さんは当時34歳でしたが、２０１０年に自分が中心となって立ち上げた「日本ダンス技能向上委員会」の専務理事兼事務局長として、ダンスの普及活動に携わっていることがわかりました。

ダンスの普及にかける姿

中学、高校、大学、さらに１９８５年にはキャプテンとして出場した社会人チームで日本一の栄冠をつかみ、選手引退後も母校の関学大や社会人チームでコーチや監督を経験しています。そんな輝かしい経歴の持ち主がなぜ今ダンスなのでしょう。山川さんはこう説明します。

「アメリカンフットボールをやり切ったなと思えた50歳のころ、『１００年後に若者が真剣に楽しく取り組めるスポーツはなんだろう』

山川 岳さん

と考え、それはスポーツと文化の融合したものだと思ったのです。音に合わせて体を動かすダンスを教育ととらえ、文部科学省にも提案しましたし、2012年度から小中学校の学習指導要領が改訂され、保健体育の選択科目だった『現代的なリズムのダンス』が必修科目となった今もサポートを続けています。教育としてのダンスの主眼は仲間とのコミュニケーションと自分の思いを伝えることです」

高校生が現在、最もやってみたいスポーツがダンスで、女子生徒の競技人口では第1位だそうです。全国の高校ダンス部が競い合う日本ダンス大会（日本ダンス技能向上委員会主催、スポーツ庁、毎日新聞社など後援）は2018年6月に第6回が開催されましたが、競技委員長を務める山川さんはダンス普及の一環で各地の高校を回っています。

「強調するのは教育的側面です。リベラルで礼儀正しく、ライバル校に敬意を持つ。まさに関学のアメフット部で僕が学んだことです」

山川さんが1976年に関学ファイターズに入部したとき、OB会主催で新入生歓迎のディスコ大会が大阪ミナミのダンスホールで開かれました。高校の文化祭で模擬ディスコを仕掛けてからダンスにはまった山川さん。その大学在学中にはディスコブームを象徴するジョン・トラボルタ主演の映画「サタデー・ナイト・フィーバー」が大ヒットしました。自身も大阪市内のディスコでアルバイトをしたそうです。「閉鎖的な傾向の強い体育会系の部活ではありえないでしょうね。自由奔放という意味ではなく、集中力とけじめを重んじるリベラルな精神が関学アメフット部にはあります。授業もバイトも熱心にやりました。その集中力が強さの秘訣です」

「堂々と勝ち、堂々と負けよ」

26年前の「阪神版」の記事（103ページ）を引っぱり出した私は、山川さんの取材前にメールに添付して送信していました。山川さんがそれをソーシャル・ネットワーキング・サービス（SNS）を使って909人のファイターズOBに転送したところ、「（記事にある山川さんの）素晴らしいコメント。ファイターズOBにとっては当たり前のことですが、この部風は本当に宝ですね！」「この記事の出たとき、まだ私は生まれていませんが、当時から今のチームカラーがあったんですね」などの返信があったそうです。

「今の鳥内秀晃監督は同い年のチームメートで、今もチームカラーは変わっていません。荷物持ちやグラウンド整備は先輩も後輩もありません。1年生は体力的に伸びしろがあるので、体に負担となる荷物持ちなんかさせたら損やないですか」

柔軟で合理的なチームカラーの一端が山川さんから語られました。また、重要な試合前のロッカールームでは、「堂々と勝ち、堂々と負けよ」という次の詩を唱えるそうです。

いかなる闘いにもたじろぐな／
偶然の利益は騎士的に潔く捨てよ／
威張らず、誇りを持って勝て／
言い訳せず、品位を持って負けよ／堂々と勝ち、堂々と負けよ／
勝利より大切なのはこの態度なのだ／
汝を打ち破りし者に最初の感激を、汝が打ち破りし者に感動を与えよ／

堂々と勝ち、堂々と負けよ／
汝の精神を汝の体を常に清潔に保て／
　そして汝自身の、汝のクラブの、汝の国の名誉を汚すことなかれ

　山川さんの卒業と同時に関学アメフット部に入ってきた1年生が、卒業後に新聞記者を経験している現ディレクターの小野宏さんです。会見での受け答えは「冷静でありながら、相手チームの選手への愛情も感じさせる」などと評価されています。

　たとえば5月17日の記者会見に私は注目しました。反則プレーをした日大選手が近く記者会見する見通しとなり、報道陣から「タックルをした選手はもうアメフットをする資格はないと思うか」と問われた小野さんは「行為自体が許されるものではありませんが、あの選手がなぜ突然あのようなプレーをしたのか、その不可解さがきちんと納得いかない限り解決しないと思います。このことについて、真実を自分の口からきちんと話すことが、彼の人生のためにも必要だと思います」と語ったのです。

閉ざされたタテ社会の組織では監督やコーチへの忠誠心を優先させられるため、外部の人と付き合う社交性を育む機会が損なわれがちですが、小野さんが「彼の人生のためにも」と相手チームの選手にも配慮するあたりに、関学独特のチームカラーが反映されているように感じます。

社会人類学者の中根千枝さんが50年以上前の1967年に出した名著『タテ社会の人間関係』に日本的集団におけるリーダーについて次のように書いています。

《しいてリーダーシップを発揮しようとすると、たいていの場合、強権発動の形をとる。「ワンマン」とよばれるリーダーをはじめ、戦前の多くのリーダーのとった方法である。ここにえてしてみられるのが、リーダーの独断的な決定・権力の不当な行使である。

リーダーの能力・人格が非常にすぐれている場合は、普通の日本的リーダーの場合よりも、このほうが、はるかにすぐれた仕事をすることができ、貢献も大きいが、そうした資質をもたないリーダーの場合には、その集団にとっては悲劇であり、社会的な弊害を招来するものである》

謝罪する立場に置かれたとき、思考停止に陥らず、主体的に判断しやすいような社会を築いていくうえで示唆に富んだ分析だと思います。

「謝る力」インタビュー

城島 徹

×

寺脇 研

2018 年 6 月某日（東京都千代田区にて）
撮影：山下暢之

12 寺脇研さんが語る「謝る力」――その力の本質を考える――

日大アメリカンフットボール部の悪質タックルを行った選手の謝罪会見は、指導者に服従を強いられるハラスメント構造を浮き彫りにすると同時に、政治家や官僚の言い逃れや忖度（そんたく）の横行を鮮やかに照射しました。その注目される「謝る力」について、元文部科学省官僚で京都造形芸術大教授の寺脇研さんにインタビューしました。官僚を退いた後、若い世代と被災地支援活動などに携わってきた寺脇さんは官僚体験も踏まえ、日本社会が抱える閉鎖的な上下関係や「個」と「公」の関係性から、教育施策と世代意識に至るまで、多角的な分析を語ってくれました。

てらわき・けん
1952年、福岡県生まれ。1975年、文部省入省。大臣官房審議官、文化庁文化部長などを歴任。2006年退職。京都造形芸術大学教授。映画評論家。私塾「カタリバ大学」学長。著書に『国家の教育支配がすすむ』など。

——日大アメリカンフットボール部の反則プレーをした選手の記者会見をどう受け止めましたか。360人の報道陣を前に顔も名前も公表した20歳の若者の「潔さ」が反響を呼びました。

森友、加計両学園問題に始まり、防衛省が「ない」としていた陸上自衛隊イラク派遣時の日報が見つかった問題、厚生労働省では裁量労働制をめぐる捏造データや高度プロフェッショナル制度（高プロ）でのヤラセ調査発覚など、この国では昨今、いろんな問題が起きていますが、謝罪はおろか、事実さえ認めない隠蔽が続いています。「記憶にない」「記録がない」を繰り返し、誰も私に責任があると言わない状況に国民のフラストレーションがたまっている中での出来事でした。日大当局が明確な謝罪や説明をしていない段階で、いち早く記者会見まで開いて自分の非を詫び、同時にそれに至った経緯を説明したのです。弁護士の助言を得たにせよ、20歳の若者がそれをやったことに大きな意味があったと思います。

――しかもテレビで生中継され、多くの国民がそれを見て、潔い態度に感銘を受けました。

私たち大人があれだけ堂々とできるだろうかという声を各方面から耳にしましたが、情けない話です。それを言う前に、いい大人でありながら、潔く謝罪しなければいけないのに、逃げ回っている人がいることが問題です。会見によって彼が完全に免罪されるわけではないのは明らかだし、本人もそれを覚悟しているわけだけど、言い逃れが横行する社会にあって、非常にさわやかでしたね。

――年齢を重ねた大人たちが逃げているのと対照的な行動を見せました。この世代の若者はこれまでの世代とは何かが違うのでしょうか。

以前は「ゆとり世代」とネガティブな存在であるかのようにさんざんたたかれましたが、今は逆に「羽生（はにゅう）世代」とポジティブに見られているようです。

平昌五輪のフィギュアスケート男子で連覇した羽生結弦くん、スピードスケート女子の金メダリスト高木美帆さん、メジャーリーグの大谷翔平くんは同じ1994年生まれです。彼らの世代が世に出もしない2000年代前半に「全員がバカになる」とか「役に立たない」などと、世間の大人たちはひどいことを言ってきましたが、羽生くんの1学年上の2016年春に大学を出て社会人になった人たちが、小学校入学時からゆとり教育を受けた「純正ゆとり世代　第一期生」です。彼らはみずから学び、みずから考え、自分の言葉でコミュニケーションすることを「総合的な学習の時間」などを通して学んできました。「謝る力」には論理性も当然必要ですが、コミュニケーション能力も必要なんですね。20歳の若者がすべてあのような会見ができるわけではないですが、10年前とか20年前の若者にあれができたかというと相当あやしいと思ってしまいます。

――会見した選手には本人のしっかりした意思がありましたね。

自分が引退まで決意し、顔も名前も出して会見するということは、特にアメフットのようなチームプレーで成り立っている集団性の強いスポーツの中では、個が確立していないとできません。「みずから学び、みずから考える」という、学習者主体の教育を始めるための議論が行われていた1990年末の頃、小渕恵三総理が提起した「個と公」という考え方に立てば、一人ひとりを大切にし、個人の尊厳を守っていくという「ゆとり教育」的な考え方がありました。しかし自民党系政治家がよく言う「公と個」という考え方、たとえば日大アメフット部あっての一人というような、「自由を認めると国民が自分勝手なことをしてしまって社会が成り立たない」という考え方とは対照的です。

日本では滅私奉公という言葉が長年使われてきました。戦前はもちろん、戦後も会社のために滅私奉公が続きました。小渕さんの「個と公」という考え方は、両方大事だけれど個が公の前に置かれるものです。それが、ゆとり教育と呼ばれた教育施策にとって一つの旗印でしたので、今回の学生の姿は、自分という個がまずあるというスタンスがはっきりしていたと思います。

平昌五輪の時に「ゆとり世代の活躍」というテーマで随分インタビューを受けましたが、かつてたたかれたころとは隔世の感です。この世代のスポーツ選手は「個」が表に出てきますよ。昔のように日本のために結果が出せないと死を選ぶとか、負けたら全員頭を丸めるというのとは対照的で、個が確立してきたなと思います。翻って言えば、森友とか加計などの問題に関わっている人たちは公のために嘘をつき通さなければならない、あるいは公のために文書を改ざんしなければいけないとか、行政を歪めてでもやらなければならないということになってしまっていますね。

——官僚はなぜ謝らないのでしょうか。心の内側の本音が伝わってきません。ご自身も官僚だった立場から説明してください。

官僚は基本的に謝らない、というところからスタートしなければなりません。というのは、官僚が謝ると、個人ではなく政府が謝ることになり、政府の政策を大きく左右するからです。

官僚としての立場を語る寺脇さん

たとえば水俣病の問題で謝りたかった官僚はいっぱいいると思いますが、そこで謝ってしまうと政府の責任を認めることになってしまう。苦しんだ官僚はたくさんいるはずです。官僚の謝罪には高いハードルがあるのです。軽々しく謝ってはならない、というのが官僚の中には根強く染みついています。

ただし、謝罪するかしないかにかかわらず、きちんと経緯を説明することは官僚であれば絶対に必要です。私はむしろ今回の加計、森友両学園の問題では官僚が単に謝ればいいという問題ではなく、むしろなぜこうなったのかを説明しなくてはいけないと思います。たとえば財務省の改ざん問題でも、佐川宣寿さんが涙を流して土下座をすればいいわけではなく、なぜそうなったのかの説明責任を果たさなくてはいけないと思います。

――文部省（当時）のころの寺脇さんを私が取材した記事「ひと」（1996年12月31日付）で、官僚不信の原因を寺脇さんは「情理を尽くした説明をしていないから」「アカウンタビリティー（説明責任）が必要だと思う」と語っています。

官僚への不信感について問う筆者

1980年代までの日本の行政は戦前からの「由（よ）らしむべし知らしむべからず」という言葉があるように、政府が決めたことでいいじゃないか、理由は言わなくてかまわない、という考え方がすり込まれていたために説明はおざなりでした。80年代の終わり、あの最強官庁といわれた大蔵省（当時）が消費税について、国民は税金が増えるから嫌だと感情的に言うだろうが、国庫を預かる官僚が１００年先、２００年先を考え、こんなに赤字を抱えてどうする、財政を再建しないでどうするという思いで消費税３％を導入すると言った時、国民から大しっぺ返しをくらいました。導入は中止になり、自民党は大敗し、総理は退陣する事態です。改めて導入するに当たって、大蔵省は国民に対する説明を尽くしました。それを見て、福祉に関係する厚生省（当時）、教育を担当する文部省のように、国民の理解を得ないと仕事が前に進まないと思った当時の省庁は説明責任を表に出すようになり、国民もそれを求めるようになってきました。

——ところが現在はその流れが停滞し、逆行しています。

小渕政権までは丁寧な説明をする精神がありましたが、小泉純一郎総理が郵政民営化をその意義について国民に説明することなしにスローガンでドーンと打ち上げ、説明責任の姿勢が後退したのです。平成の前半15年は昭和の反動で説明を大切にする時代でしたが、後半15年は説明をしない時代になりました。十分な説明責任を果たしていれば、そもそも謝罪なんか必要ないんです。加計問題でもなぜ獣医学部が必要なのかをきちんと最初に説明していればあんなことにはならないし、森友問題でも国有地を値引きする理由を最初から説明しておけば何の問題もないのに、「問答無用で8億円値引きした」「どうしてなんだ」という話になって説明がつかなくなったわけです。加計側にも一理あって、なぜ制限をかけているのかの説明責任を農林水産省が果たせていません。獣医師会との癒着で獣医師の養成課程に制限をかけていたのではないか、との指摘に対しきちんと説明責任を果たせていないのが一因です。働き方改革で出てきた裁量労働制の話だってまったく同じです。資料も曖昧で、ヒアリングもろくにしていない。説明責任不在が今日の状態を作っています。国民も、説明がなかった時代には説明を求めていたのに、いつの間にか、説明はどうでもいいからさっさとやってくれというように逆戻りしていることが背景にあると思います。

――では政治家が謝らないのはどうでしょうか。論点のすり替え、ごまかし、挙句の果てには逆切れまでありました。

謝らない政治家というのは最近初めて見ましたよ。

今の政権は論理も成り立っていない上に、コミュニケーションもとろうとしません。自分たちに言いがかりをつけるのはおかしい、という姿勢すらうかがえます。政治家はいくらだって謝っていいんですよ。１９９８年に発覚した大蔵省の接待汚職事件では三塚博大臣が責任をとって辞めましたが、政治生命が絶たれたわけではない。政治家は復活ができるので、もっと積極的に謝る存在でした。この一年なんでこんなことになったのか。初動の時に安倍晋三総理が「私や妻が関わっていたら総理を辞める」などと言い張るのではなく、「誤解を招くようなことがあったとしたら申し訳なかった。妻が名誉職を引き受けすぎているということがあるので、私からも注意してこういうことがないようにします」と言えばそれで終わっているはずです。本来道義的に謝れる人が謝っていないからおかしなことになる。東日本大震災の時も、官僚が「避難計画が間違っていました」などと言えば大変ですが、政治家たちが「混乱してすみませんでした」と謝っていれば、国民の印象も随分変わっていたと思います。今の国民民主党や立憲民主党もそうですよ。民主党政権時の失敗や自分たちが離散集合していることに対して明確な謝り方をしていないのではないでしょうか。そんな野党に国民はついて行かないですよ。「ごめんなさい。希望の党というのはまったくの間違いでした」と言わない。だから安倍総理、麻生大臣の二人だけを責められません。

――文部省から出向して福岡県教育委員会の課長や広島県教育長を務めた時、謝罪について貴重な体験をしましたね。

国の政策を担う中央官庁の官僚は軽々に謝れませんが、住民と密着している地方ではそうもいきません。県民に直接謝らなければいけない部分があることを学びました。福岡県では教職員組合や部落解放同盟など県とはまったく違う立場の人たちと対峙することになります。私と同様に出向していた上司の部長がゼロ回答の上に、相手の言うことをまったく聞こうともせず、ふんぞり返っているのを見て、これはおかしくないかと思いました。せめて相手の話を聞こうという姿勢がなければいけないと。まったくコミュニケーションをシャットアウトしてはダメでしょう。論理と感情の両輪があることを学びました。そこで課長レベルの折衝の時に、相手の言うことをきちんと聞き、コミュニケーションをとろうと思いました。

広島県では差別問題が起きたときには、部落解放同盟が対県交渉を大きな会場で持ちます。着任前に起きた中学校教師による結婚差別事件の糾弾が続いていて、1992年12月末に赴任し、交渉が2月の連休にありました。「大変申し訳なかった。二度とこういうことが起きないようにします」と当然言います。そして二度と起こさないための手順と筋道を具体的に示すよう求められますが、1995年夏ごろ、また県教委にとって重要な事件が起こってしまいました。県教委主催の教員研修の場で、障害児教育の指導主事が問題発言をしたのです。

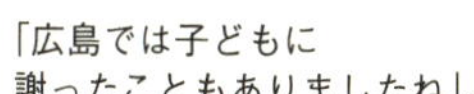

「広島では子どもに
謝ったこともありましたね」。

「行政の政策が、子どもの
日常を変えてしまうことに
対して謝りましたし、説明
も尽くしました」。

広島県は、当時国も他の都道府県も「特殊教育課」と称していた、今で言う特別支援教育の担当を「障害児教育課」にしていました。そのことを説明する際に「特殊と言うのは、特殊部落を連想させるからだ」と言ったのです。県教委が公式の場で言ったのですから大問題です。県教委の問題なので私が前面に出て、「まったく間違っている。本人の過失というより、教育委員会の認識が不十分ということです。二度と起こらないようにします」と謝りました。その時に結婚差別事件のことにもあえて触れ、生存権を守れなかったことを私たちは背負っているのに、このようなことをしてしまった、と謝罪しました。

――広島では子どもに謝ったこともありましたね。

1995年の4月。学校週五日制が月一回から二回になる時、大きな会場で開いた説明会で子どもたちに意見を聞く場面があり、一人の盲学校の生徒が「(休みが)月一回の時は週末も盲学校の寮は開いていたけど、これからは土曜休みの時は閉まってしまう。私の居場所がなくなり困る」と言われました。「確かにあなたが心配し、悲しい思いをしているのはよくわかりました。ごめんなさい。でも、なぜ寮を閉めるかというと、五日制になって、障がいを持っている子もそうでない子も家庭や地域で過ごすことが大事だからそうしているのです。あなたたちも卒業すれば地域社会の中で暮らしていかなければならない。ずっと（学校の）寮にいれば温かく見守ってくれるだろうけど、そうはいかない。実は勝手に寮を閉めてしまっただけではなくて、寮を運営するよりもっと大きな予算を組んで、学校が休みの土曜には、地域の中で、障がいを持つ子どもたちを受け入れる場を作っていくという事業を起こしていくので、あなたもぜひ、盲学校以外の子どもたちと接するようなことをしてほしい」と言いました。彼女の日常を変えてしまったのだから、申し訳ないということに加え、説明も尽くそうと思ったのです。

日大の監督、コーチも頭は下げていますが、なぜ謝っているかの説明責任がまったく果たされていません。謝り方は学生に比べ稚拙で、コミュニケーション能力のなさを露呈してしまいました。

――私たちが自分事として「謝罪」を考えるにはどうすればいいでしょうか？

「謝る力」というのは、これからの社会生活を営んでいくためにあらゆる人に必要なんですね。これからの社会でコミュニケーション能力のない人はダメなんでしょう。たとえば麻生大臣とか安倍総理みたいな人が同じ職場や地域社会に対等な立場でいて、ああいう姿勢で出てきたらみんなうんざりするのでは、という話なんですね。反面教師として彼らを見ていかなくてはなりません。私だっていずれは高齢者向けの介護施設などでお世話にならなければいけない。そのコミュニティの中で麻生さんみたいなおじいさんが愛されるか、うまくやっていけるかというと、あんな態度の謝り方ではダメだよね、という話です。

謝るの「謝」は感謝の「謝」でもある。介抱、介護してくれる人に対する感謝の気持ちを持ってないと、良い介護を受けられないかもしれない。感謝はすべての人に必要だと思います。

——東京都内で6月10日に開かれた「日大全共闘結成50周年の集い」に行くと、元メンバーがアメフット問題に触れ、「(大学側の対応や体質を変えられなかった) 俺たちにも責任がある。今の学生とともに闘っていきたい」と話していました。

全共闘の人たちから見ると、今の若者は社会のことを論理的に考えることについては物足りなく感じるかもしれません。でも、困っている人がいた時に自分も助けなければいけないとか、なんとかしなけりゃいけない、というエモーショナルな部分は今の子の方がはるかに勝っています。若い世代と付き合っていると、それをひしひしと感じます。

おしまいに
――繰り返される「お詫び」――

「あの日大生の記者会見を見ていて、途中から涙が止まりませんでした。真剣でまっすぐな眼差しのお顔が私の中で特攻隊員の若者と重なって見えました。社会全体であの学生さんを支えてあげたいものですね」

会見から1か月後の6月下旬、旧知の女優が梅雨空を見ながら言いました。テレビや舞台に華やぎを与える美貌をくもらせると、居合わせた日大芸術学部教授ら美術、舞台関係者も一様にうなずき、あの学生が示した「謝る力」への思いをそれぞれの言葉でつないでいきました。

このように、日大アメフット部の選手が記者会見で見せた姿は様々な分野の幅広い世代に強い印象を与えました。それは世の中に蔓延する責任逃れの空気を浄める風と感じた人もいれば、自身に内包する「逃避」を射抜かれた人もいたでしょう。若い世代にとっては、これから待ち受ける人生で背中を押してくれる記憶として残るかもしれません。

そう思いながら一気に書き上げた本書ですが、「おしまいに」に移ろうとした矢先、国会議員によるあきれた言動、加えて姑息な謝罪事例にまた遭遇したのです。

受動喫煙対策を強化する「健康増進法改正案」を審議した衆議院厚生労働委員会で、参考人として意見陳述した肺がん患者に、自民党の穴見陽一衆院議員（大分1区）が「いいかげんにしろ」とやじを飛ばしました。あの日大アメフット部の選手の会見から1か月足らずの6月15日の出来事です。非常識きわまりない暴言ですが、21日に報じられたのを受け、自身のWEBサイトに「お詫び」を載せて対応したことにも大きな違和感を覚えました。

短くまとめるはずの「おしまいに」でしたが、「謝る力」をゼロにしてしまう「これだけは避けましょう」というポイントが眼前に現れたことで方針を変えました。ご容赦ください。

まずは穴見議員の「お詫び」の文章をお読みください。

《この度、去る6月15日に行われた衆議院厚生労働委員会において、参考人のご意見の際、私が「いい加減にしろ」といったヤジを飛ばしたという報道がありました。

まずは参考人の方はもとより、ご関係の皆様に不快な思いを与えたとすれば、心からの反省と共に深くお詫び申し上げる次第でございます。

もちろん、参考人のご発言を妨害するような意図は全くなく、喫煙者を必要以上に差別すべきではないという想いで呟いたものです。

とはいえ、今後、十分に注意して参りたいと存じます。

この度は誠に申し訳ありませんでした》

指摘したいのは、①報道陣の取材に応じず自身のＷＥＢサイトでコメントを発表したこと、②「私がヤジを飛ばしました」とせず、「ヤジを飛ばしたという報道がありました」と表現したこと、③「……とすれば、お詫びする」という仮定法を用いたこと――の3点です。何とか自分を正当化したいという「逃げ」の姿勢がにじみ出ています。

私は何人かに感想を聞くことにしました。

6月24日、横浜市の日本新聞博物館で「全国まわしよみ新聞サミット」という催しがありました。「まわしよみ新聞」は、何人かで興味ある新聞記事を切り抜き、お互いに内容を紹介し合って壁新聞を作る取り組みです。2012年に大阪市内で始まり、教育現場でも「アナログ的な手順で記事を通して情報が咀嚼されるすぐれた取り組み」であると評価され全国に普及しています。この日は全国各地から新聞記者や学校教員を含む70人が参加し、この実践の発案者で新刊『まわしよみ新聞をつくろう!』(創元社)を出したフリーのプロデューサー、陸奥賢さんの姿もありました。彼は穴見議員の「謝罪」について「往生際が悪い!」と一刀両断し、こう続けました。

「国会という公的な場での発言が社会問題として取り上げられた際、その釈明は私的なネット空間ではなく、公的な場で行うのが望ましいのと違いますか。ネット空間は同質性の人たちが集まりやすいのでどうしても『自分は正しくて相手の言い分は間違っている』という独善や排他主義に陥りがちです。ネット空間にはそのような独りよがりな話し手がたくさんいて、その言説や話法、弁論術のようなものが世の中に蔓延していますし、穴見議員のコメント内容や表明の仕方にもその手のニュアンスを感じます。この傾向が最も特徴的に見られるのがトランプ大統領のツイッターではないでしょうか」

それを聞いて、言論空間がネット上にも拡大している現代、謝罪の流儀も変質していると感じました。

まちづくりに携わる男性参加者は「明らかに間違っている事実を認めず、謝るという体をして言い訳をしているようにしか見えません」と批判し、隣の男性会社員は、穴見議員が「ヤジを飛ばしたという報道があり」と表現した点について「やじを飛ばした事実を認めていない」と指摘し、「不快な思いを与えたとすれば、という仮定法も本人は与えたつもりはなく、与えたかどうかもわからないと表現している。報道され騒ぎになったので、とりあえず謝っている姿勢を見せておこうという意図が明らかで、有権者をばかにしている」と非難し、「受け手側がどう感じるかがわからない危機管理能力の低さに驚く」と断じました。

それにしても、「……とすれば」という仮定法の謝罪コメントを出す政治家がなんと多いことでしょう。森友問題をめぐる報道に苛立つ麻生太郎副総理兼財務相の発言にもありました。２０１８年3月29日の参議院財政金融委員会。環太平洋パートナーシップ協定（ＴＰＰ）の新協定（ＴＰＰ11）の署名式に関する記事が新聞には「1行も載ってない」と指摘した麻生氏は「森友の方がＴＰＰ11より重大だと考えているのが日本の新聞のレベル」と言い放ちましたが、その前提となる認識が違っていたこともあり、翌日の委員会で「森友問題を軽んじている」という野党の追及に「そういった印象を与えたのであれば、その点に関しては訂正する」と答え、委員会が紛糾する中、「誤解を招くような発言があったとすれば謝罪する」と、「れば」を連発して渋々陳謝したのです。

穴見議員もこうした先輩議員の姿を手本にしたのでしょうか。醜い事例をあとがきで縷々書き連ねるのは美しくありませんが、対照的な日大アメフット部選手の「潔さ」をより鮮明に浮き彫りにしてくれると思い、取り上げた次第です。

さて、「謝る力」というタイトルについて一言添えたいと思います。あの会見の翌日の5月23日、目白大で「『謝罪』を考える」と題する授業をした私はその夜、１９９０年代に担当していた文部省の官僚だった寺脇研さんと久しぶりに東京都内で会いました。場所は、愛知県のＮＰＯ法人が5月、がん患者の頭髪などをケアする美容施設として開設した「アピアランスサポートセンターＴＯＫＹＯ」で、寺脇さんから「現地を見て、応援してあげてほしい」と連絡があったのです。

その懇談の場で日大生の会見が話題になり、私が授業や書籍化の構想を話したところ、共感した寺脇さんが「タイトルは『謝る力』ですね」と提案したのです。たまたま日大の問題に関心を持ち、いち早く緊急出版に動いたのは清水書院の中沖栄さんで、前著『新聞活用最前線』に続いて編集作業を担当していただきました。心からの感謝を伝えます。

本書は私がスクラップした毎日新聞記事を参考資料として使用しました。

２０１８年　盛夏

城島　徹（じょうじま とおる）

◇

1956年東京生まれ。81年毎日新聞社入社。大阪社会部、東京社会部（文部省を担当）、アフリカ特派員ヨハネスブルク支局長、長野支局長、生活報道センター長、大阪本社編集局次長などを経て東京本社で教育、文化をテーマに執筆。日本新聞協会ＮＩＥ専門部会委員。明治大学基礎マスコミ研究室主任研究員。
目白大学と新渡戸文化短期大学で新聞活用講座を開設し非常勤講師を務める。

◇

著書に『私たち、みんな同じ―記者が見た信州の国際理解教育―』（一草舎出版、地方出版文化功労賞奨励賞受賞）、『関西再度STORY』（エピック）、『新聞活用最前線』（清水書院）。編著書に『やさしい主権者教育―18歳選挙権へのパスポート』（東洋館出版社）。共著書に『大学に「明日」はあるか』（毎日新聞社）、『世界はいまどう動いているか』（岩波ジュニア新書）、『エチオピアを知るための50章』（明石書店）、『新聞で育む、つなぐ』（東洋館出版社）など。

2018年8月15日　　第1刷発行

著者
城　島　　徹

発行者
野村久一郎

印刷所
図書印刷株式会社

発行所
株式会社 清水書院

〒102-0072　東京都千代田区飯田橋3-11-6
TEL　03-5213-7151（代）
FAX　03-5213-7160
http://www.shimizushoin.co.jp

デザイン
図書印刷株式会社 クリエイティブ・センター

ISBN 978-4-389-50091-7　　　　Printed in Japan